겨울 스케치

현대수필가100인선 Ⅱ · 50

겨울 스케치

차은혜 수필선

수필과비평사 · 좋은수필사

■ 책머리에

    수필은 누구나 부담 없이 읽고, 마음만 먹으면 직접 쓸 수도 있는 가장 친근한 문학이다. 다른 영역의 문학이 영상매체에 밀려 신음하고 있는 중에도 수필 인구만은 날로 증가하여 바야흐로 수필 전성시대를 구가하고 있는 이유도 거기에 있을 것이다.

    시대적 추세에 힘입어 수많은 수필전문지, 수필동인지가 창간되고, 이에 비례하여 신진 수필가도 날로 늘어나다 보니 이제는 그 많은 작가, 그 많은 작품 중에서 문학성 높은 작품을 가려 읽는 일이 쉽지 않게 되었다. 이런 현상은 작가에게나 독자에게나 결코 바람직한 일이 아니다. 더 나아가서는 수필을 연구하는 후세들에게도 큰 부담이 될 것이다.

    이런 문제를 해결하는 데는 출판인도 마땅히 한몫을 감당해야 한다는 평소의 소신에 따라, 본사가 기꺼이 그 역할을 맡기로 했다. 그 첫 번째 사업으로 시대를 대표할 만한 수필가 100인을 선정하고, 작가가 자선한 40편 내외의 작품을 수록한 문고본을 발간하여 이를 널리 보급함으로써 그 소임을 다하고자 한다.

    본사는 사명감을 가지고 이 사업을 추진해 나가기로 했다. 작가 선정을 전담할 편집위원회를 구성하고 전권을 위임하여 일체의 사적인 정실이나 청탁을 배제함으로써 전문성과 공정성을 확보해 나갈 것이다.

    따라서 이 기획물 속에는 작가의 문학정신뿐만 아니라, 본사의 문학사적 기여 의지와 편집위원 제위의 수필문학에 대한 애정과 문인으로서의 양심이 함께 담겨 있음을 자부한다. 다만, 작가를 선정하는 기준에는 많은 견해의 차이가 있을 수 있고, 선정 과정에서도 미처 챙기지 못한 부분이 있을 것이라는 사실만은 인정하지 않을 수 없다. 이 점에 대해서는 관계자 여러분의 양해 있으시기 바란다.

이 시리즈의 발간 순서는 작가, 또는 본사의 사정에 의한 것일 뿐 그 밖의 어떤 기준도 적용하지 않았음을 밝힌다.

본 기획물이 시대를 초월한 많은 수필 애호가들의 관심과 애정 속에 우리나라 수필문학 발전에 한 이정표가 되기를 바랄 뿐이다.

본사에서는 이상과 같은 취지로 ≪현대수필가 100인선≫ 전 100권을 완간하여 큰 반향을 불러일으킨 바 있다.

그러나 우리 수필문단의 규모나 수필문학의 수준에 비추어 선정 작가를 100인으로 한정하는 것은 형평성이나 효율성 면에서 크게 부족하다는 의견이 많았고, 본사 또한 이를 통감하던 터라 기꺼이 ≪현대수필가 100인선Ⅱ≫를 발간하기로 했다.

본사의 충정에 찬동하여 출판에 응해주신 저자 여러분에게 진심으로 감사한다.

2014년 9월 일

수필과비평사 · 좋은수필사 발행인 서 정 환
현대수필가 100인선 간행 편집위원 박 재 식 최 병 호
정 진 권 강 호 형
오 세 윤

| 차례 |

1_부 줄다리기

그릇 • 12
줄다리기 • 17
감초 • 21
연 • 25
골무 • 31
빨랫줄 • 36
날 • 41
덤 • 46
견습일지 • 51

2_부 선 지키기

- 아름다운 소리 • 58
- 선 지키기 • 63
- 아까시 향기 맡으면 • 68
- 솔로몬의 지혜 • 76
- 태풍 속에서 • 81
- 대문 없는 집 • 87
- 동병상련 • 92
- 다시 태어나면 • 99
- 과유불급 • 104

3_부 거울 앞에서

베란다를 치우면서 • 110
사랑의 탈 • 115
밥상 차리는 마음 • 120
겨울 스케치 • 124
거울 앞에서 • 130
아쉬움 • 135
지킬박사와 하이드씨 • 139
두 이야기 • 143
여다지 해변의 물은 보이는가 • 151

4_부 복이씨의 여행

레베카의 아들 • 158
돌아올 날을 그리며 • 162
엄마야 누나야 • 169
황홀한 할머니 • 175
삼촌의 노래 • 179
도마 위에 올린 생선 • 184
애상 • 189
복이씨의 여행 • 195
요단강 건너서 만나리 • 198

■ 작가연보 • 204

1부

그릇
줄다리기
감초
연
골무
빨랫줄
날
덤
견습일지

그릇

 모자라는 그릇을 채우기로 했다.
 사야 될 그릇의 크기와 모양을 메모한다. 우선 짝이 맞지 않는 것부터 채우는 것이 순서일 것이다. 같은 모양의 것이 없으면 비슷한 것으로 맞추어야 보기에 어색하지 않을 것이다. 투박하고 무거운 것은 좋지 않다. 무거우면 씻고 나르기에 버겁다. 얇고 가벼운 것으로 마음을 정한다. 한두 개면 족하는 큰 그릇과 작은 그릇은 피하고, 많이 사용하는 중간 크기의 접시와 보시기를 사야겠다. 이것들은 다양하게 많이 쓰이기 때문이다. 그리고 여러 용도로 널리 쓰이고 편하게 쓰인다. 누구나 부담 없이 자주 사용한다. 그러다보니 금이 가거나 깨지고 이가 빠져 모자라게 되고 자주 채우게 된다.

손님이 올 때면 격에 맞는 것이 없어 번번이 쩔쩔매곤 했다. 그릇이 없어서라기보다 모양과 크기가 맞지 않아서다. 그릇도 격에 맞게 제몫을 할 때에 보기가 좋다. 큰 것과 작은 것, 마른 것과 국물이 있는 것. 간장은 종지에 담아야 하고, 전은 접시에 놓아야 보기 좋듯이. 그렇게 그릇은 크기에 따라 쓰임새도 달라진다.

　결혼할 때 직장 동료들이 그릇 세트를 선물했다. 우유빛이 나는 백자였다. 문양도 그려 있지 않았다. 오히려 깨끗한 것이 무슨 음식이든 담아 놓아도 먹음직스러워 보기에도 좋았다. 그때만 해도 그 그릇이 유행이어서 음식을 차려 내놓을 때마다 기분이 좋고 뿌듯했었다. 십여 년이 흐르는 동안 빛깔이 누렇게 변했다. 그리고 무게가 느껴졌다. 이가 빠지고 깨져 하나 둘 식탁에서 자취를 감추어갔다. 그 자리를 다른 것으로 채웠다. 식탁엔 서로 다른 얼굴을 한 그릇들로 채워졌다. 사은품으로 받아 온 접시. 누군가 선물로 사다 준 일본산 밥공기. 보험 들어주고 받은 접시, 이사할 때 선물로 받은 보시기. 준 사람의 취향처럼 모양과 색상도 다양하다.

　그릇을 고르며 마음이 흔들린다. 집에 있는 것들을 전부 교체하고 싶은 충동이 일었다. 가볍고 예쁜 그릇들이 내 시선을 유혹한다. 들고 놓고 망설이기를 여러 번. 집에서 한 다짐을 떠올리며 욕심을 버린다.

산 그릇을 거실에 펼쳐 놓았다. 상점에 있을 때보다 집에 와 보니 한결 산뜻하니 예쁘다. 잘 골랐다는 생각을 갖게 한다. 많은 그릇 속에서 제 빛을 발휘하지 못하고 묻혀 있었나 보다. 값 비싼 그릇에야 비길 순 없어도 어디 내놓아도 손색없이 깨끗하고 예쁘다.

　사람도 마찬가지다. 평범한 사람도 꼼꼼히 살펴보면 멋진 구석이 있다. 개성이 없는 듯해도 제 나름의 의미를 가지고 존재한다. 이런 사람은 유순하여 금방 친숙해지고 자주 만나도 부담이 없다. 너무 편하다 보니 격 없는 대화에서 상처를 받기도 한다. 깨지는 그릇처럼 세파에 휘둘릴 위험도 내포하고 있다. 서로에게 상처를 주는 일도 생긴다. 가까울수록 조심해야 하는데, 이해하리라 믿고 편하게 얘기하다 마음을 다치는 일도 있다. 상대를 잘 파악하여 조언과 충고의 방법을 모색하고, 서로 존중하는 마음으로 아껴 주고, 보듬어 주어야 상처를 받지 않는다. 그래야 좋은 관계를 오래 지속시킬 수 있다.

　사람마다 자기의 그릇이 있다. 넓은 그릇이 될 수도 있고, 작은 종지가 될 수도 있다. 자기의 그릇은 보통 그릇인데 큰 그릇인 줄 착각하는 사람을 종종 본다. 그 사람에게 많은 양이 주어지면, 감당하지도 못하여 남의 입에 오르내린다.

　나는 아주 평범한 중간치의 그릇이고 싶다. 있는 듯 없는 듯 많은 사람 속에 묻혀서 살고 싶다. 자신의 재능을 발휘하지도 못하고 묻혀서 산다 해도 좋다. 나보다 더 잘하는 사람 때문에 늘 주눅 들어서 살더라도 그게 편하다. 나는 모험심이 없어서 도전적이지 못하다. 자포자기의 상태에 갇혀 생각조차 하기를 꺼려한다. 그렇다고 나름의 능력조차 없는 것은 아니다. 여러 사람 속에서 튀어 보이지 않았을 뿐이지, 나름의 세계는 가지고 있다. 지금 내 앞에 펼쳐 놓은 그릇처럼.

여러 사람과 시끌벅적하게 지내는 것을 좋아하는 나는 보리밥집을 하고 싶었다. 그때 쓰겠다고 꽁꽁 묶어 놓았던 그릇들을 꺼내 주방 가득 쏟아 놓는다. 그리고 상념에 젖는다.

늘 꿈꾸어 온 내 소망이 빈 그릇에 보리밥처럼 가득 담겨 있다. 사람들의 웃음소리와 이야기소리가 들린다. 그리고 내 손수 담아 놓은 된장을 끓이고, 퍼 나르는 분주한 모습이 보인다. 난 이런 생활을 즐기고 싶었다. 내 손맛이 깃든 음식으로 주위 사람들과 즐거운 시간을 갖고 싶었다. 여러 사람이 둘러앉아 신 김치조각 찢어 밥 수저 위에 얹어 먹는 것이 소망이었다. 편안하게 둘러앉아 수다 떨며, 엊그제 사다 놓은 그릇 자랑도 하고, 아이들 크는 얘기도 하며 살고 싶었다. 그러다 보면 내 모자라는 것도 찾아지고, 채우는 방법도 터득하게 될 것이다. 그렇게 늘 부족한 것을 채우고 노력하며 사는 것이 초동급부樵童扱婦의 재미가 아니던가.

 모양이 다양한 그릇처럼 서로 다른 사람들을 만나 나의 또 다른 모습을 발견함도 나쁘지는 않을 것이다. 그리고 한동안 잊었던 옛 모습으로 돌아가 남은 인생을 아름답게 가꾸고 싶다. 이 또한 아픔에서 얻어진 값진 대가가 아닐는지.

 전화벨이 요란스레 울린다. 깜짝 놀라 수화기를 든다.
 "사모, 보리밥집 하능교?"

〈『월간문학』. 2006. 8월호〉

줄다리기

 요즘 나의 생활을 보면 한심하게도 남의 삶속에 깊숙이 들어가 가슴앓이를 하고 있는 거다. 사십년 지기 친구인 그녀가 내 집 문을 노크하고 들어온 날부터다. 망설임 없이 줄줄 풀어 헤쳐 놓은 이야기. 삼류소설이나 드라마에나 나올 법한 이야기가 남이 아닌 자신에게 왔다며 눈물 콧물 흘리며 이야기를 했다. 처음 듣는 순간 난 별다른 감정을 느끼지 못했다. 그래서 그녀에게 들려주는 말은 '설마, 아닐 거야,'였다.

 그녀가 내 집 현관문을 밀치고 나간 후, 난 자신도 모르게 그들의 일상에 깊숙이 빠져 있음에 놀랐다. 어쩜 그럴 수 있을까를 연신 날리며 그녀의 일이 내 일인 양 격분하고 미움까지도 가졌다.

"그래 나 같으면 이러고 살진 않는다. 무슨 미련이 있어 붙잡고 징징거리며 살고?"

그도 그래. 어제 오늘 일도 아니고 벌써 십년 되었다니. 무슨 힘으로 여태까지 줄을 잡고 있었을까. 어느 한쪽이든 줄을 놓았어야 하는데 끈질기게도 잡고 있다.

우리 나이에는 결혼을 앞둔 딸에게 모든 부모님들은 현모양처로 살길 바랐다. 부모님뿐이 아니고 자녀들 또한 그랬다. 그녀는 지금 그 교훈을 잊지 않고 실천하는 중인가. 아님 세상이 많이 달라졌다는 것을 아직도 감지하지 못하고 있는 것인가. 곳간 열쇠가 아내들에게 넘어가며 자연스레 힘이 아내 쪽으로 쏠린 지가 언젠데…? 여자들이 직업을 갖게 되면서 확실하게 뒤바뀌었다. 가는 곳마다 여자들이 넘쳐난다. 여자들의 호감도가 높을수록 사업이 번창한다고들 말한다. 그러나 그런 이야기는 타인의 이야기지 오로지 남편과 아이들만 바라보고 살아온 그녀에게는 아무런 도움도 되지 못했다. 잠이 오지 않고 음식을 넘길 수 없다고 하는 그녀. 그런 사실을 이제껏 숨기고 있었다니, 얼마나 가슴이 아팠을까.

그녀의 뒷모습은 앞모습보다도 더 지치고 슬퍼 보였다. 난 뒤늦게 그녀의 조각난 이야기들을 퍼즐을 맞추듯 하나 하나 엮고 있다. 여자라는 공동분모 때문일까. 아무런 소용이 없는 짓이라는 것을 알면서도 솟구쳐 오르는 의구심에서 헤어나지 못했다.

넓은 운동장 한가운데 구렁이처럼 꼬인 길고 두터운 줄이 놓였다. 호루라기소리에 아이들이 우르르 몰려나온다. 일 미터 정도의 간격을 두고 서로 맞잡고 시작의 알림소리에 귀를 기울이고 있다. 이번만큼은 꼭 이기리라. 온 힘을 손에 모으고 신호를 기다린다.

언제 왔을까. 내 옆에 그녀가 줄을 잡고 서 있다. 푸석푸석한 얼굴이다. '제기랄.' 이번에도 진 게임이다. 나와 같은 줄을 잡고 있는 아이들은 하나같이 비실비실 해 보인다. 난 한 번도 줄다리기에서 이겨본 경험이 없다. 줄다리기뿐이 아니다. 어느 것 하나 끝까지 물고 늘어지는 강인한 근성이 없다. 그러나 줄다리기는 혼자보다 여럿이 힘을 모으는 것이 아닌가. 내 힘이 모자라면 남의 덕이라도 보아야 하는데 그도 여의치 않다. 적중이다. 제대로 힘도 써 보지도 못하고 시작과 동시에 줄줄 끌려가고 만다. 이럴 줄 알면서 있는 힘을 한껏 쏟아 부어 팔이 들 수 없이 아프다. 다시는 줄다리기는 하지 않으련다. 젊은 나이도 아니고 이젠 이겨본들 무엇이고 진들 무엇인가.

며칠 동안 두문불출하던 그녀가 볼 수 없이 망가진 얼굴을 해 가지고 내 집을 다시 찾아왔다. 그것도 자그마한 케리어 두 개만 덜렁 끌고.

"십년도 참았는데, 왜 이제 와서?"

"혹시나, 달라지려나 기다렸는데, 변하지 않는 것을 서로 다투어 보아야 그렇고…."

"……."

"이젠 참고 용서하는 것에도 지쳤어,"

"그럼 어쩔 건데?"

"이젠 줄다리기는 안 하려고."

그 상황에서도 빙긋 웃음이 보인다.

"그래 우리 줄다리기 그만하자. 몸도 마음도 많이 아프니까."

나에게는 그녀를 붙잡을 만한 답이 없었다. 그녀의 남편은 이 일에 지대한 공헌을 한 제공자지만 결정은 본인이 선택한 것이라고 했다. 그녀는 오래도록 머물지 않고 서둘러 나갔다. 한창 나이도 아니고 저물어가는 나이에 이 무슨 일이람. 예상치 못한 그녀의 행동으로 난 망부석처럼 창문에 기대어 오래도록 그렇게 서 있었다. 질긴 인연은 여기에서 끝이 나는 걸까. 끊어버리라고 열을 올리며 충고 아닌 분노를 쏟아 부은 내 미욱함이 결정적인 계기가 되었다면 어쩌지…?

하루도 거르지 않고 그녀를 떠올린다. 그런 그녀의 마음을 조금은 알 것 같다. 살아 있어도 사는 것이 아니었을 것이라고. 오늘 따라 그녀가 더 보고 싶다.

〈『인간과문학』 2016년 봄호〉

감초

 한약을 달여 짜고 나면, 으레 시어머님은 감초를 찾으셨다. 오래도록 달여 시꺼멓게 된 약재 속에서 용케도 잘 찾아내신다. 나는 아무리 뒤적여 보아도 그게 그것 같아 찾을 수가 없었다. 어쩌다 감초이려니 하고 입에 넣어보면 단맛은 없고, 시금털털한 맛만 나는 다른 약재였다. 그러나 어머님이 내 입에 넣어준 것은 한번도 어긋남이 없었다. 은은하면서도 씹으면 씹을수록 단맛이 우러나오는 감초의 맛은 그 분의 사랑처럼 달았다.

 아이가 잔병치레가 많아 자주 병원에 드나들었으나 별 차도가 없었다. 가는 곳마다 더 두고 보아야겠다며 시원하게 병명조차도 말해 주지 않았다. 아이는 자꾸만 여위어 가는데 의사들의 느긋함은 나를 곤혹스럽게 했다. 그렇다고 의사에게 매달리며 사정할 처지도 아니었다. 혼자서 지켜야 하는 침묵이 더 힘이 들었다. 그때 마침 시어머님은 내게 한약을 권하셨다.

약 달이는 기회가 많아졌다. 집안에는 늘 한약 냄새로 가득 했으며, 시간이 지나면서 그 냄새가 내 일상의 한 구석을 차지하고 앉아 있었다. 햇빛을 찾아 뜰에 내려서면 따스함으로 퍼지는 햇살처럼 한약 냄새는 친근하게 내게로 다가왔다. 야위어 가는 아이를 안고 들마루에 앉으면 어머님은 약물이 다 빠지고, 김이 날아간 약재 탕기湯器를 들고 나오셨다. 그리고는 언제나 감초를 골라 내 입에 넣어 주셨다. 다른 약재의 맛이 배인 감초를 한참 씹다보면 특이한 그 맛이 남아 있음을 느낀다. 나도 하나 고르겠다며 다른 약재 속에 숨은 감초를 찾으려 애를 써 본다. 그게 그것 같아 번번이 혼동을 한다. 확연히 그 특질이 드러나지 않으면 구분하기가 힘든다. 어머님은 전혀 그러함이 없이 조그만 차이를 알아내고, 작은 차이 속에서 서로 어우러지며 사는 모습들을 자연스레 보여 주셨다.

흔히 약방의 감초라는 말을 한다. 되나 안 되나 고개를 내밀고 참견하는 사람을 빗대서 하는 말이다. 끼일 자리나 그렇지 않은 자리나 개의치 않고, 지나치게 얼굴을 내민다는 뜻도 포함하고 있다. 그러니까 이 말은 지나치다는 부정적인 의미를 내포하고 있다고 할 수 있다.

감초는 여러해살이 콩과 식물이다. 여름에 노란 꽃이 피어 열매를 맺지만 씨로 번식하지 않는다. 씨는 거의 제구실을 하지 못하고 뿌리로 한다. 다른 식물들이 호화로운 꽃을 뽐내고, 그 결과로 얻어지는 열매를 내세워 자신의 다산多産을 자랑할 때, 슬그머니 땅속 뿌리에 번식을 귀띔한다. 뿌리는 붉은 갈색이다. 단맛이 난다 하여 감근甘根이라고 한다. 이것은 비위脾胃를 돕는 역할을 한다. 단맛으로 하여 다른 약의 강함을 부드럽게 하기에 모든 약재에 널리 사용된다. 여러 약재들의 약효를 돕는 일을 하는 감초. 어느 탕제에도 빠지지 않고 들어간다. 다른 약재들에게 주원료의 자리를 내주고 한 걸음 뒤에서 있는 듯 없는 듯이 약재들의 조화를 돕는다. 약재마다 가지고 있는 독특한 성질을 융합시키고, 순화시키는 일을 맡아 하기 때문이다. 흐름을 부드럽게 도와주는 감초야말로 주연을 빛나게 하는 조연이다.

감초는 약제의 주된 자리에 앉기를 탐내지 않는다. 개성이 강한 약재들을 서로 호응하게 하고, 그것들이 환자를 위해 제구실을 다할 수 있도록 중재하는 일을 맡아 하면서도 얼굴을 내밀려 하지 않는다. 어느 한약이든 다 들어가는 감초지만 주변의 것들에 부담을 주는 적이 없다. 자신의 몫을 챙기려 하지도 않는다.

남편과 아들은 축구와 농구 경기를 좋아한다. 남편은 경기 관전만을 즐긴다면, 아들은 경기하는 것까지 좋아한다.

부자가 같이 경기를 보다가도 서로의 의견이 다를 때가 종종 있다. 공격수가 골을 넣을 때마다 아들은 환호를 하고 박수를 보내지만, 남편은 별 반응 없이 보다가 일어서면서 "어시스트가 좋았어."한다. 그러면 아들은 심드렁한 표정을 띄운다. 나는 그런 아들을 보며 나이를 더 먹어야 제 아버지의 마음을 알 수 있으려니 하고 웃는다.

어시스트는 자신이 욕심 부리지 않고 다른 사람을 통해 골인을 할 수 있게 슬그머니 볼을 내어주는 것이다. 그것도 정확히 도와주는 어시스트. 세상 사람들이 모두 골을 넣은 사람에게 박수를 보내더라도 전혀 개의치 않고 도와주는 이 어시스트야말로 감초와 같은 것이 아닐까. 아무리 골을 넣으려 해도 주위의 도움이 없이는 불가능하다. 아들이 좀 더 나이를 먹으면 이 어시스트가 얼마나 값진 것인지 알 수 있을 것이다. 그리고 달여 마신 탕제 속에 감초가 있었음을 알 날이 오리라 믿는다.

나도 어머님처럼 더 나이를 먹어야 제 몸 다 사르고 슬그머니 탕제 속으로 숨어버린 감초를 찾을 수 있을 것이다. 그때가 되면 감초 하나쯤 골라 며느리의 입에 넣어 주는 자상한 시어머니가 되고 싶다. 그리고 무언중에 어시스트와 감초의 중요성을 일깨워주고 싶다. 감초의 의미를 전혀 말하지 않은 내 시어머님처럼. 〈『수필과비평』. 2001. 5/6〉

연鳶

 감기인가 보다. 몸이 나른하더니 고열과 오한이 밀려온다. 여름감기는 개도 안 걸린다던데……. 오한을 견디다 못해 커튼을 내리고 눕고 말았다. 자리를 털고 일어나려 하나 몸이 말을 듣지 않는다. 이불을 뒤집어쓰고 오한을 쫓아 보나 나갈 기색이 전혀 없다.

 꿈결에 놀라 눈을 떴다. 꿈속에서 할머니는 언제나처럼 내게 끈끈한 정을 베풀고 계셨다. 아버지를 일찍 잃은 나를 혈육의 끈으로 꽁꽁 묶어 놓고 사랑을 베푸셨던 할머니. 그 인자하신 모습이 생시처럼 내 머리 속에서 지워지질 않는다. 커튼을 젖혀 본다. 어둠이 내 몸속의 오한처럼 기세가 살아 있다. 안심을 하고 또 자리에 누웠다. 몸이 허공으로 두둥실 떠오르더니 갑자기 깊은 늪으로 떨어지듯 빨려 들어갔다. 온몸은 땀과 열로 맥없이 풀어진다. 심한 갈증 속에서 다시 눈을 떴다. 땀에 불린 몸뚱이가 풀어질 대로 풀려 추슬러지질 않는다.

창문을 연다. 밖은 어둠의 기세가 다 빠져나가고 한낮이다. 창가로 무엇인가 스친다. 나타났다 사라지는 모습을 순간 보면서도 내 몸이 무겁다. 무엇일까. 위층의 옷가지가 바람에 날리는 것이겠지. 이번에는 기다란 종이가 모습을 드러냈다. 위층 아이의 고함소리가 들려온다. 쿵쿵 뛰는 소리도 들린다. 아이의 소리가 무거운 내 몸을 일으켜 세운다. 더 이상 누워 있지 못하겠다. 창가로 유인된 나는 밖을 내다본다. 베란다 빨랫줄에 가오리연이 걸려 있다. 아이는 창문에 매달려 연을 잡으려 안간힘을 쓰고 있었다.

초등학교 저학년 때 시골 촌뜨기인 나는 도회지로 전학을 했다. 정확히 말하면 시골에서 한 학기를 마치고 나왔지만 바로 전학을 하지 못하고, 이듬해 다시 일학년으로 재입학을 했다. 사실 학교가 한 해 늦어진 것보다 나는 든든한 후원자인 할머니와 삼촌의 곁을 떠났다는 것이 더 참기 어려운 고통이었다. 베란다 빨랫줄에 걸린 가오리연처럼 나는 언제나 할머니와 삼촌에 매달려 응석을 부리며 살아왔었다. 나를 낳으신 어머니의 곁이라 해도 얼굴조차 모르던 분이라서 할머니가 훨씬 좋았다. 모두가 낯설기만 한 도회지는 집들조차 다정한 초가가 아니고, 판자 울타리 속에 모습을 깊숙이 숨기고 있었다. 그 모양새는 밖의 세상이 두려워 집안에 숨어 있는 달팽이의 모습이며 나의 모습과도 같았다. 집만 나서면 다른 세상으로 혼자 내던져진 것 같은 생각에 어쩌다 밖에 나와서도 다른 사람들과 눈길이 마주칠까 두려워 고개를 숙이고 다녔다. 모든 것이 신기한 것뿐이었지만 다가서서 바라보기에는 힘이 들었다. 마음은 언제나 빈곤했다.

그래도 집 앞 구멍가게와 학교 앞 문방구에서만큼은 아이들과 섞여 물건들을 바라볼 수 있었다. 처음 보는 물건들은 저마다 울긋불긋하게 치장하고 아이들을 유혹했다. 어쩌면 물건들이 저리 많을까. 비닐 종이에 싼 과자의 종류도 한두 가지가 아니었다. 어머니의 심부름이라도 갈 때면 가게 앞을 그냥 지나칠 수 없었다. 물건을 바라보다 제 시간보다 훨씬 늦게 돌아와 자주 꾸중을 듣곤 했다. 학교 앞 문방구는 언제나 만원이다. 아이들 틈 사이로 상점 안을 들여다본다. 며칠째 눈여겨 보아둔 커다란 크레파스가 나의 관심 대상이다. 나와는 달리 아이들의 시선은 다른 곳에 몰려 있었다. 빨강색으로 화려하게 그려진 그림을 아이들은 뒤적인다. 한 아이가 그 중 하나를 사면 우르르 쫓아간다. 그것은 연이었다. 예전에 삼촌이 만들어 준 연과 비교할 수 없이 색이 고왔다. 아이가 연을 날린다. 어떤 아이는 부러운 눈으로 바라보고 또 다른 아이는 따라다니며 연을 날려 준다. 모양이 예쁜 연은 하늘로 오르지 못하고 빙빙 공중에서 돌다가 이내 땅바닥으로 곤두박질치며 떨어진다. 나는 멋진 연을 만들기 위해 집으로 돌아왔다.

도화지를 꺼내 그림을 그린다. 색깔이 곱지가 않다. 문방구에서 보았던 크레파스가 있었으면 멋진 그림이 될 텐데. 아쉬움이 가슴을 징징 울린다. 아쉽기는 해도 날려볼 양으로 대충 그리고 실을 매어 밖으로 나왔다. 골목길로 내달린다. 그러나 연은 내 궁둥이에서 조금도 떨어지질 않고 붙어 다닌다. 한번도 공중에 오르지도 못한 연. 그 모양은 할머니와 삼촌에 매달려 살았던 지난 시간을 떠올리게 한다.

삼촌은 연 살을 만들기 위해 대나무를 얇게 쪼개어 손질했다. 연 종이에 대오리를 가로 세로로 붙여 끈으로 묶는다. 모양도 다양하다. 방패연, 반달연, 치마연, 가오리연 등을 만들었지만 특히 방패연과 가오리연을 자주 만들었다. 방패연은 삼촌 것이었고, 가오리연은 내 것이었다. 삼촌은 동네 청년들과 연 싸움을 가끔 했다. 연 싸움을 하는 날은 연줄에 밥풀을 발랐다. 튼튼한 연줄을 만들기 위한 삼촌의 노력은 대단한 것이었다. 싸움에 지면 연줄이 끊어져 날아간다. 날아간 연은 나무에 걸리기도 하고 전깃줄에 대롱대롱 매달려 있기도 했다. 내 또래 아이들은 날아간 연을 줍겠다고 뛰어가나 연을 들고 돌아오는 아이는 하나도 없었다.

삼촌이 연 싸움을 할 때마다 연줄이 끊어지지 않게 그토록 정성을 들인 이유는 무엇이었을까. 언제나 연을 만들 때면 내 것을 먼저 만들어 주고, 손에 이어져 있는 줄을 끝까지 놓지 않으려 했던 삼촌. 시골을 떠나 어머니에게로 올 때도 손을 꼭 잡아주신 그 의미를 오늘에 되새겨 본다. 할머니는 그때 왜 그토록 나를 챙기셨는지 나이가 들어 조금은 알 것 같다. 아무리 잘못 만들어진 연이라 해도 그 연은 연줄로 하여 주인과 끈끈하게 이어져 있다. 하늘 높이 떠 있는 연이든 등 뒤에 매달려 아이의 애간장을 태우는 연이든 인연의 끈이 질기게 매어 있다.

어쩜 나는 연이었는지도 모른다. 할머니에겐 아이의 등 뒤에 붙어서 안타까움을 불러일으키던 치마연이었을 것이고, 삼촌에게는 하늘 높이 솟아올라 보기 좋게 드러난 방패연이었을 것이며, 뒤늦게 만난 어머니에게는 연줄이 끊어져 멀리 날아갔다가 찾아낸 반달연이었을 것이다.

아이들이 조용하다. 궁금하여 베란다에서 올려다본다. 연은 그대로 있는데 아이들이 보이지 않는다. 연만이 바람에 혼자서 돈다. 고개를 밖으로 향하고 두리번거리며 아이를 찾았다. 큰 아이가 언덕에 서서 여유 있게 연을 날리고 있다. 저만치 또 다른 아이는 연줄을 잡고 달린다. 윗집아이도 그들 속에서 달리고 있다. 큰아이의 연은 순탄하게 바람을 타고 멋지게 날고 있다. 줄을 당기는지 앞으로 조금씩 끌려오면서 하늘로 오른다. 날던 연이 갑자기 요동을 친다. 급히 하강하더니 끝내 나무에 걸리고 말았다. 아이는 한동안 실을 당기며 끌어내리려 안간힘을 다한다. 얼마 후 아이는 포기하고 자리를 뜬다. 꼬마들만이 연을 바라보고 있다. 나무 사이에 꼭 끼었는지 바람이 불어도 흔들림이 없다. 저 연도 바람에 찢기고 비에 젖어 떨어져 나가도 연 살만은 앙상하게 실에 매달려 한동안 그렇게 지내겠지. 곁을 떠나올 때, 할머니는 나를 붙잡고 수없이 같은 말을 하셨다.

"말 잘 듣고 살아야 한다. 그리고 너는 어디 가나 차씨 집 딸이여."

안심이 안 되어 하시던 할머니의 모습처럼 나무에 걸린 연이 자꾸 마음에 와 닿는다. 얼마나 주인 곁으로 돌아가고 싶을까. 할머니가 잡아당겨 주던 실에 매달려 산 그때가 살아오는 동안 제일 행복했던 시절인 것 같다.

윗집 아이를 불렀다. 그리고 그 아이 집에 올라가 연을 풀어 실을 길게 만들어 준다. 한걸음에 아이는 제 또래 아이들과 섞여 뛰어다닌다. 연은 아이의 등 뒤에서 빙글빙글 돌며 따라다닌다. 몸이 조금 가벼워짐을 느낀다. 연에 감기를 띄워 날려 보내기나 한 것일까. 나무에 걸린 연이 바람에 애처롭다.   〈『현대수필』. 2001. 가을호〉

골무

 딸아이가 외국에 공부하러 나갈 때다. 그곳 사람들에게 줄 선물을 사고 싶어 했다. 어느 것이 좋을지 의논했다. 정체성이 없는 것보다는 우리의 옛것이 좋을 듯하다는 의견에 일치를 보고 전통 공예점에 가기로 했다. 딸아이에게는 생소한 것이 많겠지만, 난 옛것을 볼 수 있다는 것에 마음이 들떠 있었다. 그곳에 가면 어릴 적 친구네 집 물건도, 우리 집 가재도구도 있을 것 같아서. 쇼윈도 밖에서 안을 기웃거려 본다. 벽에 걸려 있는 각가지의 물건들이 눈짓한다. 수공예라니 믿어지지 않았다. 섬세함에 놀라고 정교함에 입이 다물어지지 않았다. 문을 열고 들어서는 우리에게 다소곳이 인사를 하는 한복 입은 인형은 지치지도 않는지 연신 고개를 숙인다. 한지로 만든 바구니와 상자, 자개로 꽃단장을 한 문갑과 보석함, 태극 문양을 한 부채, 노랑·파랑·빨강의 원색 실로 엮어 놓은 매듭과 노리개, 주름이 심한 하회탈, 셀 수 없을 만큼의 각양각색의 물건들이 점포 안에 가득하다.

 선물은 받는 사람의 연령과 취향을 알아야 한다. 한번도 본 적이 없으니 취향은 접어놓더라도 남녀노소는 구분해야 할 것 같다. 선물은 남자들보다 여자들이 더 좋아하니 포인트를 거기에 맞추기로 했다. 거울이 달린 문갑은 주인아주머니 몫으로 정했다. 단아한 동양 여인이 정갈하게 쪽찐 머리를 거울에 비춰보는 모습이 떠올랐다. 우리와 다른 서양인의 얼굴. 좀은 어설프고 색달라 보인다. 내 눈에는 자연스럽지 못하지만 좋아할 것 같아 구입했다. 아이들에겐 인형과 댕기, 그리고 복주머니. 주변 사람들에게는 조그마한 장구와 칠보가 박힌 열쇠고리로 했다. 노리개와 꽃고무신도 샀다. 조금은 버겁지만 하회탈도 하나 넣어 주었다. 태극 문양의 부채도 무척이나 좋아한다는 말을 듣고 세 개 샀다.

 돌아서 나오는데 우릴 또 잡아끄는 것이 있다. 조그만 상자에 소복이 쌓인 것. 골무다. 손톱 반만해 보였다. 검지손에 끼워 보았다. 손톱이 골무 속에 숨어 보이지 않는다. 손가락 반마디 정도의 크기. 단단한 종이에 천으로 씌우고 위쪽은 연꽃 모양의 수를 놓았다. 앙증았다.

옛 생각이 나서 두 개를 샀다.

예전에 할머니는 흰 광목천으로 골무를 만들어 쓰셨다. 비록 볼품은 없었으나 늘 바느질을 할 때면 돋보기와 골무를 챙기고서야 시작하셨다.

나는 바느질을 좋아하지 않는다. 아니 예쁘게 잘하지도 못한다. 학생 때다. 가정시간만 되면 고민이었다. 실기점수에 수예와 만들기가 포함되어 있기 때문이다. 가방과 에이프런을 만들기가 쉽지 않았다. 앞면은 그럴듯하게 수를 놓았으나 뒷면은 엉망이다. 꼼꼼하신 선생님은 꼭 뒷면도 챙겨 보셨다. 앞면에서 얻은 점수를 뒷면에서 깎아 먹었다. 그래서 할머니의 손을 빌리곤 했다. 할머니는 항시 바느질을 하셨다. 당신의 고쟁이와 치마, 삼촌의 사각 팬티도 손수 만드셨다.

당시 여자들은 밥 짓고 빨래하고 바느질하는 일로 손이 쉴 날이 없었다. 하루도 빠짐없이 구멍 난 옷이나 양말을 기웠다. 어쩌다 골무를 챙기지 않은 날엔 바늘에 손을 찔려 아파하며 손끝을 코에 대고 킁킁대기도 했다. 난 바느질 이야기가 나오면 할말이 없다. 뾰족한 바늘만 보아도 몸이 움츠려든다. 예전 같았으면 바느질 못한다고 마음고생 몸고생깨나 했으련만 세월을 잘 타고났다며 할머니는 웃으신다. 그랬다. 난 늦게 태어난 덕을 톡톡히 본 것 같다. 그런 나에게 바늘을 두렵지 않게 만든 일이 생겼다.

시어머님이 예비 며느리인 나에게 베개와 베갯잇을 건네셨다. 한번 꿰매 보라셨다. 갑자기 난감했다. 그토록 솜씨 없는 바느질을 다른 사람도 아닌 시어머님 될 분 앞에서 보여야 하다니. 그렇다고 안 한다거나 못 하겠다고 말할 수도 없는 노릇이었다. 잘은 못해도 늘 보아온 것이기에 난 베갯잇을 받아 방바닥에 펼쳐 놓았다. 그리고 베개를 그 위에 얹었다. 베갯잇을 오므려 귀를 맞춘다. 바늘이 베개와 천 사이에서 이리저리 숨바꼭질을 한다. 서툰 솜씨는 이내 탄로가 나고 말았다. 바늘과 손의 간격을 맞추지 못하여 찔리고 말았다. 외마디비명이 나도 모르게 새어나왔다. 시어머님은 빙그레 웃으시기만 하셨다. 그리고 마무리할 때까지 아무 말씀도 하지 않으셨다. 바느질을 다 마친 다음 선생님 앞에 검사 받는 기분으로 잠자코 있는 나를 향해 하나하나 지적도 해 주시고, 가르쳐 주시며 칭찬도 덤으로 얹어 주셨다. 그 후 결혼해서 이불깃이며 베갯잇은 남의 손을 빌리지 않고 내 손으로 꿰맸다. 뻣뻣하게 풀 먹인 천은 바늘을 받아들이지 않으려고 버티며 거부한다. 그러다 보면 손가락 찔리는 일은 다반사다. 그때에 골무의 역할은 대단하다. 반항하는 바늘의 뒤꽁무니에 대고 살짝만 밀어도 순순히 밀려들어간다. 간혹 거리 조정이 잘 못되어도 찔리는 일이 없다. 난 골무를 보면 그 때의 일들이 떠오른다. 그리고 시어머님을 생각한다. 여러 며느리들 속에서도 마음 다칠까 봐 감싸주시고 보듬어 주시며, 든든한 후원자가 되어 두려움마저 사라지게 해 주셨던 시어머님. 골무는 나에게 영락없는 시어머님의 모습이다.

서양의 물결을 타고 침대가 등장하며 이불깃도 베갯잇도 꿰맬 필요가 없어졌다. 그리고 골무의 존재도 서서히 사라져간다. 이젠 골무는 꼭 필요한 물건이 아닌 장식용이 되어 진열대 위에 놓여 있다. 벽에 걸린 오래된 사진처럼.

〈『제물포수필』 제26호. 2005. 여름호〉

빨랫줄

 고추잠자리가 비행한다. 저녁 무렵, 한 마리도 아닌 여러 마리가 하늘을 휘젓고 다닌다. 여름이 가는 길목이면 어김없이 나타나는 고추잠자리 떼. 한참을 놀다가 지치면 나뭇가지에도, 빨랫줄에도 앉아 쉬기도 한다.
 언제나 빨랫줄은 넉넉한 마음이다. 누가 찾아오든 받아준다. 참새들이 찾아와 담소하며 즐긴다. 이른 아침, 잠에서 깨어나기도 전에 찾아와 심술을 부려도 마다하지 않는다. 장난꾸러기 참새는 차분히 앉아 이야기하지 않고 날갯짓을 하며, 폴짝폴짝 뜀뛰기도 한다. 움직일 때마다 빨랫줄은 출렁이는 제 몸을 추슬러 고요를 되찾으려 안간힘이다. 그러나 참새들은 아랑곳하지 않고 서로의 주둥이를 마주하며 조잘댄다.

마당을 가로질러 있는 빨랫줄은 이쪽과 저쪽을 길게 이어준다. 줄에는 온갖 옷들이 목욕을 하고 나와 제 몸을 뽐내고 있다. 크고, 작고, 희고, 검고, 구분이 없이 모두 나와 있다. 옷들만 모여 있는 것이 아니다. 가끔은 덩치 큰 이불도 나오고, 앙증스런 아기의 손수건도 등장한다. 그리고는 자랑이라도 하려는 듯 한껏 하늘을 향해 제 모습을 드러내려 안간힘이다. 가끔 바람이라도 지나가면 열광이다. 너울거리며 춤도 추고, 심하게는 그런 행동이 지나쳐서 추락하는 경우도 있다.

 난 집을 지으면 빨랫줄을 꼭 갖고 싶었다. 내 어릴 적, 집 뒤뜰 빨랫줄에 팔랑이던 흰 옷 가지가 늘 그리움처럼 남아 있었다. 언젠가 아파트생활을 청산하고 마당이 넓은 전원에 살게 되면 반드시 가지리라는 다짐도 여러 번 했었다. 남들은 별의별 것을 다 갖고 싶어 한다며 유별나다 할지 모르나, 빨랫줄에는 어린 날을 추억하게 하는 사연들이 많다. 빨랫줄이 이쪽과 저쪽을 이어주듯 나와 할머니를 연결시켜 주고 있기 때문이다.

 식구들의 옷가지를 앞 냇가에 가서 헹구어 오면 할머니는 툭툭 털어 빨랫줄에 걸으셨다. 할머니께서 건사해야 할 식솔이 많듯 빨랫줄에는 온갖 것들이 다 내걸렸다. 주로 낮에는 말려야 할 것들을 널었지만, 밤에는 바구니들도 매달렸다. 먹고 남은 보리밥 덩어리가 담긴 바구니. 오랜만에 사온 생선이 담긴 바구니. 상할 것 같은 음식을 신선하게 보관하는 장소가 빨랫줄이었다. 이곳에는 쥐나 고양이의 약탈을 피하기에도 안성맞춤이었다.

뭐니 뭐니 해도 할머니의 사랑은 바지랑대가 으뜸이다. 부모 없이 혼자인 내게 할머니는 수호신이었다. 남자아이들이나 친구들이 놀리거나 못 견디게 하면, 당신의 키 두세 배는 족히 넘는 바지랑대를 들고 나타나 휘두를 듯한 표정을 지으셨다. 모두들 정신없이 줄행랑을 치면 좋아 웃곤 했었다. 그런 할머니의 모습이 그립다. 사랑을 받으면서도 나는 가끔 속없는 짓을 한 것 같다. 이불 홑청을 빨아 널어놓으면 그 속을 휘젓고 다니며 숨바꼭질도 하며 놀았다. 덜 마른 홑청 깃의 찬 느낌도 마냥 좋았다. 아랫도리가 다 드러나도 널어놓은 빨래 속에 얼굴만 가리고 보이지 않는다고 생각했던 순진함. 그곳에 내 어린 날이 고스란히 묻어 있다.

집을 지어 이사하고도 빨랫줄에 대한 소망을 말하지 못했다. 그러나 그것에 대한 미련은 버릴 수가 없었다. 이것저것 분주한 남편에게 입을 연 것은 이사를 하고도 한참 후였다. 남편은 이리저리 궁리 끝에 뒷마당 가장자리에 줄을 매어 주었다. 이제 바지랑대만 있으면 되겠다 싶은 내 마음을 알아차린 것일까. 바지랑대를 만들겠다고 큼지막한 대나무를 메고 울안으로 들어선다. 남편은 힘에 겨운지 얼굴이 온통 붉다. 땀으로 온몸이 범벅이다. 달려 나가 어쩔 줄 몰라 하는 내게 대나무 바지랑대를 두 개나 안겨준다. 그 순간 내가 감격하고 있다는 것을 남편은 몰랐을 것이다. 할머니가 내 친구들 앞에서 으름장을 놓았던 바지랑대. 알밤이든 대추든 내가 원하기만 하면 치켜세우고 털어대던 할머니의 바지랑대. 이젠 널린 줄을 바지랑대로 추켜세워 놓고 하늘거리는 모습을 바라보며 어린 날을 추억하면 된다.

비가 온다. 빨랫줄엔 아무것도 널려 있지 않다. 비행하다 지친 잠자리도 없고, 참새도 없다. 쏟아지는 비가 줄에 부딪친다. 튕겨져 흩어진다. 남아 있는 빗물이 모여 방울을 만들고 매달려 있다. 유리알같이 투명한 물방울. 그것이 보석이라면 얼마나 좋을까. 하나둘 따다가 목걸이도 만들고, 반지도 만들어 할머니처럼 많은 이들에게 나누어주고 싶다. 내 허망을 알고 있는지, 심술궂은 바람이 휙 스치고 지나간다. 매달려 있던 빗방울이 한꺼번에 우수수 떨어지며 환상에서 깨어나라 소리친다.

비가 개면 집안의 빨래들을 모아서 줄 가득히 널어야겠다. 무겁다고 늘어뜨리면 바지랑대를 걸어 어깨를 받쳐 주어야지. 하늘 높이 오른 빨래들은 창공에 나부끼며 펄럭이겠지. 바지랑대 끝에 사뿐히 내려앉은 고추잠자리는 머리를 사방으로 돌리며 주위를 살필 거야. 그러면 사방을 둘러

보는 나에게 할머니의 사랑이 빨랫줄을 타고 가슴으로 스며들겠지.

비는 하루 종일 내리고 또 내린다. 오늘도 빨랫줄엔 할머니에 대한 그리움이 송알송알 매달린다.

〈『인천펜문학』 제4집. 2007년.〉

날

 날은 공격적이다. 부드러운 구석이라곤 찾아볼 수 없다. 다가서면 금방이라도 찌르거나 벨 기세다.
 나의 고향 장터 한 구석에는 대장간이 있었다. 활활 타오르는 불길 속에서 뻘뻘 땀을 흘리며 커다란 망치로 내리치는 대장장이가 생각난다. 조수인 듯 보이는 사내는 불이 꺼질세라 연신 풀무질을 해댄다. 풀무질을 하는 자리엔 가끔은 아낙도 앉아 있었고, 젊은 사내아이도 앉아 있는 모습이 보였다. 하지만 날을 세우는 사람은 바뀌지 않고 한 사람이었다. 시뻘겋게 달아 오른 쇠붙이를 꺼내어 망치로 힘껏 내리친다. 숨찬 커다란 망치가 물러나면 작은 망치가 나서서 세심하게 날을 세웠다. 대장간에 끌려나온 쇠붙이들은 거의가 다 날이 세워져야 나갈 수 있었다. 대장장이는 볼품없는 쇠붙이들을 가지고 많은 도구들을 만들었다. 굽고 때리며 마음대로였다. 칼과 낫, 호미와 쇠스랑 등 어느 것이든 대장장이의 손에서는 날이 세워지지 않는 것이 없었다. 그의 손은 마법의 손처럼 흉기를 만들어냈다.

이런 모습이 나는 무서웠다. 폭력적으로 내리치고, 날카로운 날을 세우는 모습이 너무도 공격적으로 보였기 때문이다. 학교를 파하고 돌아오는 길에 아이들은 대장간 앞에서 머무는 시간이 많았으나, 나는 점점 무서워서 그 자리를 피해 먼저 집으로 달려왔다. 장날이면 친구들과 순회하듯 장터를 돌곤 한다. 그때도 아이들은 대장간 앞에서 서성이었으나 나는 약장수의 재미있는 장기가 더 좋았다.

"언니 왜 이리 무딘 거야, 무얼 썰 수가 없다."

우리 집에 와 무엇인가 돕겠다고 주방에 들어오면 늘 그녀는 칼을 나무란다. 아니 그녀뿐만이 아니다. 모두들 칼을 쓰고 나오면 한마디씩 한다. 왜 그리 무디냐고.

"언니, 너는 힘이 안 드나? 옛날 말에 칼이 잘 안 들면 남편도 말 잘 안 듣는다더라."

난 보통사람들보다 주방에 있는 시간이 많다. 잘 하지는 않지만 요리하는 것을 좋아한다. 이제는 아이들도 떠나 맛있게 먹어 줄 사람도 적은데 늘 많이 한다. 둘이 사는 집에 얼마나 먹겠다고 하느냐는 나무람을 자주 듣는다. 그래도 우리 집 냉장고는 언제나 만삭이다. 냉장고를 처음 샀을 때는 무얼 채울까 고민했다. 덜렁 김치 통 몇 개가 전부였다. 그랬던 것이 지금은 커다란 냉장고에, 두 대의 김치 냉장고까지 있어도 모자라 수시로 인사이동이다.

김치를 담근다. 배추김치와 무김치다. 혼자 해도 되는데 김치 담그면 꼭 불러 달라는 아우를 오라 했다. 그녀와는 삼십년지기다. 처음 이곳으로 이사 오면서 같은 아파트 아래 위층에 살았다. 난 요리하는 것을 좋아하지만 뒷설거지하기는 조금 귀찮아한다. 다행스럽게도 그녀는 자신이 보조는 전문이라며 좋아한다.

오늘 그녀는 남편과 함께 내 집에 왔다. 언니 집에 있는 모든 칼을 갈아 주라며 함께 오게 된 동기를 말한다. 자주 사용하는 것 하나면 된다는 것을 아우의 강요에 이것저것 모두 꺼내 놓았다. 자루가 긴 것, 칼이 길고 짧은 것, 식탁 위에 갖가지 칼들이 끌려나와 초라한 모습을 드러냈다. 참 많다. 그 많은 것들 중 유일하게 사용하는 것은 하나다. 크거나 보기 좋은 것이 아닌 내 손에 익숙한 거다.

"칼 갈만한 숫돌 있습니까?"

아우의 남편이 물었다. 숫돌이라는 말이 생소하게 느껴졌다.

"글쎄요. 어디 있더라? 안 본 지가 오래 되어서…."

예전엔 칼이 무디어 잘 안 든다 하면, 남편은 잿빛 숫돌을 들고 와 문질러대곤 했었다. 그런데 남편이 유럽에 다녀오며 칼 세 개와 둥근 모양의 기다란 쇠를 갖고 온 이후 사라졌다. 기다란 쇠가 숫돌의 역할을 하는 거라며, 힘들이지 말고 양쪽 면을 쓱쓱 문질러 주면 된다며 사용법을 가르쳐 주었다. 그 이후 칼이 무디어지면 쓱쓱 두서너 번 문질러 쓰곤 했다.

대장장이가 망치로 내리쳐 만들며 살피던 날을 아우의 남편은 몇 번 문지르고는 날을 살핀다. 쓱싹쓱싹 빠르게도 아니고 짧게도 아닌 반 박자를 맞추듯이 정확하다. 그 소리가 갑자기 무섭게 느껴졌다. 여우가 사람이 되려고 사람 간을 빼어 먹기 위해 밤마다 칼을 간다는 무서운 이야기처럼.

고개를 돌려 칼 가는 모습을 훔쳐본다. 잿빛 돌에 칼을 올려 물을 한손으로 퍼서 뿌린다. 그리곤 문지른다. 간간이 숨을 고르듯 쉬며 간다. 날을 만져 잘 드는지 살피는 과정이다. 깨끗하게 목욕을 하여 빛을 낸 칼들이 하나 둘 식탁 위로 모여진다.

"언니 잘 들지?"

시원한 나의 답을 기다리고 있다.

아우야 날이 선 칼보다 무딘 칼이 내 손엔 맞다. 이 말을 하면 안 되겠지. 날이 선 칼이 나를 향해 쏘아본다. 엉뚱하게도 제 역할을 벗어난 모습이다. 다가가던 손이 또 멈춘다. 텔레비전에서 보았던 끔찍한 사건이 떠올라서다. 연장은 잘 다루면 도구지만 잘못 사용하면 흉기가 될 수 있다. 저 많은 흉기들을 어디에 숨길지 잠시 고민한다.

조금은 힘들고 불편해도 무딘 칼이 좋지 날이 선 칼엔 욕심이 가지 않는다. 골목을 돌아 들리던 '칼 갈아요. 칼'하던 그 날카로운 소리도 이젠 안 들어서 좋다. 세상 살려면 정신 바짝 차리고 살아야 한다는 말이 귀에 맴돌 듯 들려도 나는 그냥 편하게 살고 싶다. 날이 없는 편안한 삶을 살고 싶다.

〈『수필과비평』 2017년 7월호〉

덤

'덤'— 온종일 나는 덤이란 단어를 머리에서 떨쳐 버리지 못하고 미늘에 꿴 물고기 마냥 매달려 있다. 그 말을 내 삶에 얹어 생각해 본다. 물건을 사고 팔 때에 제 값어치 외에 조금 더 얹어 주거나 받는 것이라면 그리 깊숙이 빠져들 이유가 없다. 더 얹어 받았으니 기분이 좋고, 좀 더 베풀었으니 마음이 편하면 그만이다. 그러나 물건이 아닌 삶은 그보다 수십 배, 또는 그 이상의 의미가 있을 수 있다. 덤은 '우수리'와 같아 보이지만 다르다. 더 얹어 받은 것과 물건 값을 제하고 거슬러 받은 잔돈과는 무엇이 다른가. '덤'은 정상적인 거래 이외에 주고받는 것이니, 돈의 가치보다 정이 있어 기분을 업그레이드해 준다. 이에 반해 '우수리'는 당연히 받아야 할 정상적인 거래의 산물이라서 사람의 감정에 영향을 주지 않는다.

초등학교 때다. 친구 할머니가 갑작스레 돌아가셨다. 친구보다 더 어린 삼촌들을 셋씩이나 놔두고. 집안에 곡소리가 연 이틀 끊이지 않았다. 모두들 할머니의 죽음을 받아들이고 있던 밤에, 관이 움직이고 병풍이 흔들렸다. 문상객은 물론 상주들까지 모두 귀신이 나타났다고 벌벌 떨었다. 죽음의 문턱에서 살아 돌아온 것이다. 그 후 친구의 할머니는 예전과는 전혀 다른 삶을 사셨다. 지난날에는 자식들을 위해 늘 헌 천으로 지은 옷에 신발도 제대로 신지 않고 일만 하셨다. 먹는 것 입는 것에 소홀했다. 그러던 분이 다시 깨어나서는 모든 것을 곱고 좋은 것을 찾았다. 옷도 값나고 예쁜 것을 선택했고, 신도 고운 꽃신을 신으셨다. 저승사자를 따라가 보니, 돌아가신 어른들이 모두 그곳에 계셨다고 했다. 그분들의 옷차림이 생전의 모습 그대로더란다. 자신도 이생에 있을 때 입었던 누더기 옷에 맨발로 서 있더라는 것이다. 죽어서도 생전의 모습대로 이어진다면 그 얼마나 두려운 일이겠는가.

다시 깨어난 할머니는 잠시 저승에 가서 본 자신의 모습을 지우려하지 않았다. 그리고 그에 대비해서 이생에서의 자신의 모습을 가꾸며 지내셨다. 남들이 믿든 아니 믿든 그것이 중요하지 않았다. 남들은 이해하지 못해도 직접 자신이 체험한 일을 신뢰했다. 그래서 남아 있는 삶은 자신을 위해 좀 더 신경을 쓰고 싶다 했다. 친구의 할머니는 그 후 스무 해를 더 살고 돌아가셨다. 사시는 내내 '나는 덤으로 살고 있다.'는 말을 입에 달고 다니셨다.

생과 사의 갈림길에 놓이게 되면 우리는 수많은 생각과 다짐을 한다. 세상 어느 것과 타협이 되지 않는 것이 없고 마음도 너그러워진다. 헛된 욕망에 사로잡혀 보낸 날들을 속죄하듯 되뇐다.

새 삶을 살기로 기도한다. 신이 내게 얼마만큼의 시간만 주신다면 새롭게 살겠다고 이야기한다. 기적이든 신의 배려든 다시 삶을 이어가게 된 사람들은 죽음 이외에는 모든 것들을 이해하지 못할 것이 없다고 장담한다.

"지금 내가 살고 있는 것은 덤으로 살고 있는 겁니다."

그들은 지난날 어떻게 살았든 이제부터는 다른 삶을 살 것이다. 삶은 고통이며, 아픔이고, 그 자체가 곧 죽음이라고 누군가 말했다. 살고 있는 것의 소중함을 모르는 말이다. 죽음을 눈앞에 두고 있는 환자나 나이든 노인들을 만나보면 대다수는 조금만이라도 더 살기를 갈망한다. 다시 사는 것은 무에서 유로 바뀌는 극과 극의 상황 전환이다. 그러나 그 값진 생을 쉽게 포기하는 사람들도 있다. 안타까운 일이 아닐 수 없다.

이제, 내 주위에서도 하나 둘 몸이 아파 눕거나, 세상과 이별하는 모습이 자주 일어나서 남 일처럼 보이질 않는다.

그만큼 세월과 공유한 시간이 길었지 싶다. 힘들었던 지난 날도 아름다워 이젠 고운 포장지에 추억을 쌓아두고 싶다. 성큼성큼 지나가는 시간이 나의 소유가 아니었는데, 나에게 덤으로 주어졌다면 모두를 감싸 안을 것 같다. 만나고 싶지 않았던 사람도 가끔은 그리움으로 풀어보는 여유도 갖고 싶다. 이 또한 덤이 준 또 다른 너그러움이리라.

내 삶은 어제가 끝이었고, 오늘부터 사는 것은 덤이라 생각해 본다. 이렇게 마음이 편하고 즐거울 수가 없다. 푸른 하늘이 눈이 시리고 뜨거운 햇살이 싫다고 투정부릴 일이 없다. 존재하고 있는 것 자체가 축복이며, 아름답고 오묘하다고 여겨진다.

시장에 가서 물건을 깎는다거나 더 달라는 소리를 못한들 어떠랴. 어쩌다 시도해 보다 거절당하면 또 어떠랴. 함께 간 일행은 물건을 야무지게 깎기도 하고 잘 사며, 덤까지 받아 챙기는 모습을 보고 돌아오며 주부로서의 부족함에 기가 꺾였던 지난날도 이젠 한낱 부질없음을 안다. 재물을 쌓아 저장해 둔들 마음이 풍요롭지 못하면 없는 것이나 진배없다.

두 다리 뻗고 잘 수 있는 집이 있고, 개미처럼 먹이 물어다 주는 남편이 있으며, 여우 같지는 않아도 가끔씩 부모 챙겨주는 딸이 있고, 막힌 부분 뚫어주듯 마음 달래주는 아들도 있으니 무에 더 바랄 것이 있으랴. 지금 무엇을 더 바라고 욕심을 부리겠는가. 친정 친척 쪽으로는 오십을 넘긴 사람이 단 두 사람밖에 없다. 나와 막내 작은아버지다. 뭔 일인지 모두 단명이다. 그나마 막내 작은아버지도 지금 암으로 투병 중이다. 그분도 가시고 나면 나 혼자다. 앞으로 남은 시간을 재는 것보다 몇 년을 덤으로 살고 있다고 생각하면 기분이 좋다. 주어진 시간에 늘 감사하며, 기뻐하며 살련다. 내일도, 그리고 또 모레도.

〈『수필과비평』 2007년 7/8월호.〉

견습일지

 지난봄 매실나무 두 주를 사다 심었다. 나중에 집을 지으면 담 가장자리는 과실주를 심을 요량으로 우선 선택한 것이 매실나무였다. 매실이 몸에도 좋고, 화사하게 피는 꽃도 볼 만하기에 미리부터 준비한 것이다. 밭 귀퉁이에 두 주의 자리를 마련하여 뿌리가 잘 착근하도록 꼭꼭 밟아주었다. 물을 듬뿍 주는 일도 잊지 않았다.

 매실을 심고 밭에서 나오던 날, 내 머리 속은 온통 매실의 신산(辛酸)한 맛에 젖어 있었다. 그 신맛이 입안을 자극하여 자꾸만 침이 고였다. 그리고 잘 자라 푸른 열매가 매달려 있는 매실나무를 그리며 벅차오르는 가슴을 느꼈다. 가지가 휘도록 매달린 열매를 그릇그릇 따 담아 나누어주는 행복감이 전해 왔기 때문이다.

한참을 뒤돌아보며 많이 매달려 있는 열매와 신맛을 안 겨주는 열매를 내 머리 속에서 떨궈 내지 못했다. 그러니까 나는 이제 겨우 나무를 심어 놓고, 조급하게 수확을 꿈꾸고 있었던 것이다. 그것도 풍요로운 수확을.

　매실나무를 심은 기억이 내 머리에서 겨우 지워지던 무렵, 보세란 화분 하나를 선물로 받았다. 잎이 싱싱하고 윤기가 돌았다. 아직 추위가 남아 있을 때라 파릇한 잎이 더욱 좋아 보였다. 잎만 보아도 생기가 도는 기분이었다. 직사광선을 피해 거실 한 편에 자리를 마련했다. 눈길이 자주 갔다. 푸른 빛이 있는 화초가 마련되어 있지 않던 거실에 난이 왔다는 것은 색다른 의미를 갖게 했다. 남학생만이 있던 교실에 여학생 하나가 나타난 것처럼 관심이 가는 것이었다. 조금만 건조해도 죽을지 모른다는 생각으로 물주기에 신경을 썼다.

　한번도 나는 난의 꽃을 피워보지 못 했다. 어쩌다 화원에 들러보면 제법 꽃이 핀 난이 있고, 남의 집을 방문해도 화분에 꽃이 핀 난이 있던데, 나는 그러지를 못했다. 그 꽃이 너무도 귀하여 내게는 허용되지 않은 모양이었다. 몇 차례 난을 키우며 정성을 들여보나 매번 허사였다. 그렇다고 포기하고 내 몫이 아니려니 해 버린 적은 한번도 없다. 난이 생길 때마다 '이번에는'을 곱씹으며 단단히 각오를 해보지만 번번이 실패했다. 그럴 때마다 복이 없음만을 탓하기 일쑤였다. 나의 정성으로는 가당찮은지 으레 서너 달을 넘기지 못하고 분을 치워야 했다.

역시 예외는 아니었다. 석 달을 넘기자 난 잎이 제 빛을 잃고, 변색의 기미가 보였다. 며칠을 두고 관심을 가지면서 살펴보았지만, 무지한 나로서는 알 길이 없었다. 더러 물이나 주는 것이 고작이었고, 큰 인심이나 쓰듯이 영양제나 꽂아 주면 내 할 일을 다했다는 식이었다. 그러다가 죽으면 내게는 꽃을 감상할 복은 없는가 보다 여겼다.

하루는 친구가 와서 내 이야기를 듣더니, 신문지에 화분을 쏟아버렸다. 우르르 쏟아져 나온 경석들이 욕탕에서 물에 흠씬 불린 아이들처럼 김이 나는 듯이 느껴졌다. 종이 위에 내동댕이쳐진 난의 모습은 중환자였다. 물에 흠뻑 젖어 뿌리는 썩어 있고, 제 빛을 간직한 뿌리의 윗부분에는 흰 곰팡이가 허옇게 붙어서 난의 목숨을 조이고 있었다. 친구는 혀를 차면서 난의 썩은 뿌리를 잘라 주었다. 깔끔해진 난을 소독수에 담갔다가 그늘에 내어놓았다.

"물을 이렇게 자주 줬으니 곰팡이가 끼고, 뿌리가 썩었지."

친구는 경석을 맑고 깨끗한 물에 두어 번 박박 문지르며 씻어내었다. 그리고는 그 경석을 솥에 넣고 삶았다. 돌을 삶는 것은 처음 보았다. 의아해 하는 내 모습에 친구는 붙어 있는 균을 모두 죽이기 위한 방도라고 친절히 가르쳐준다. 삶아낸 경석을 다시 한번 맑은 물에 씻었다. 화분도 삶아 닦은 다음 엎어놓았다.

다음날 친구는 화분에 난을 넣고 경석을 하나씩 넣어 채웠다. 몇 개의 경석을 넣고는 조심스레 화분을 흔들어 뿌리가 접히지 않고 잘 안착되도록 했다. 친구는 능숙한 솜씨로 살균을 하고, 분갈이를 해 준 것이다. 이러한 처방을 옆에서 지켜보며 나는 얼마나 무지했는가를 절감했다. 누군가, 모르면 용감하다고 한 말이 생각났다. 내가 한 행동이 얼마나 무지했었는지 깨닫게 한 부분이다.

문득 매실나무에 생각이 미친 것은 그런 일이 있고 한참 후의 일이었다. 난과 씨름을 하다보니 매실나무를 잊고 있었다. 궁금했다. 봄도 지나고 착근의 시간도 충분했으니 땅과도 이젠 친숙해졌을 것 같다. 생각이 여기에 미치자 마음이 급해졌다. 서둘러 밭으로 향했다.

남들이 행여 캐 가지는 않았을까 조바심도 났다.

밭 입구에 들어서자 온 신경은 매실 나무에로 향한다. 먼 발치에서 보는 나무는 별다른 느낌을 주지 않았다. 실가지에 새 잎을 부치고 부끄럼 없이 푸른 미소를 띠며 서 있다. 가까이 다가서니 가지에 물이 올라 푸르스레한 빛이, 승리하고 돌아온 개선장군처럼 대견스럽게 보인다. 슬며시 웃음을 보내며 잘 있었노라고 뻐기는 것 같다. 어려운 고비를 넘긴 당당한 모습이다. 내가 눈길을 주지 않는 동안 스스로 살아가는 방법을 터득한 것이었다. 추위와 바람의 훼방에도 잘 견디고, 땅과의 사귐에도 성공한 것이다. 이젠 어떠한 어려움에도 혼자 견디며 이겨낼 것 같아 보였다.

　식물을 키우면서 나는 많은 것을 배웠다. 나의 얄팍한 상식으로 그들이 갖고 있는 특성이나 습성을 모르는 채 욕심만 앞세웠음을 알았다. 지나친 관심은 방치보다도 더 좋지 않다는 것도 깨달았다. 기른다는 것은 적절한 선에서 보살펴야 된다는 사실도 알았다.

　이것들을 보고 있노라면 아이들의 얼굴이 떠오른다. 내 방식대로 따라 주기를 원하며, 하기 싫다는 일을 강요하지는 않았는지 뒤돌아본다. 스스로 할 수 있는 것을 힘이 든다고 내가 대신하진 않았는지? 아이의 성격이 어떤지도 모르면서, 또 무엇을 얼마나 좋아하고 싫어하는지도 모르면서 내 속의 욕심대로 아이를 키우려 하지는 않았는지. 아이의 개성을 찾아 지도하기에 앞서, 남의 눈을 의식하여 보여주기 위한 것에 매달려 아이를 힘들게 한 것 같다. 이젠 조금은 알 것 같다. 너그럽게 보아주고, 어느 선까지 참아야 하고, 어느 만큼에선 나무람도 있어야 한다는 것을.

〈『수필과비평』. 2003. 7/8.〉

2부

아름다운 소리
선 지키기
아까시 향기 맡으면
솔로몬의 지혜
태풍 속에서
대문 없는 집
동병상련
다시 태어나면
과유불급

아름다운 소리

소리는 살아 있다.

살아 있는 것은 움직임이다. 움직임은 축복이다. 소리는 신과 인간이 만들어 낸 창조물이다.

아침에 눈을 뜨면 먼저 창문을 연다. 밤새 시계의 초침소리와 옆사람의 숨소리에 젖어 있던 몸을 털고, 밤새도록 뿜어낸 탁한 공기를 창 밖으로 몰아내기 위해서다. 밖은 상큼하고 신선하다. 문을 열면 찬 공기보다 질서 없이 달려오는 소리와 만난다. 소리는 닫혀 있는 틈으로 햇빛과 동무하며 헤집고 기어 들어온다. 소리는 삶 자체의 소리다.

어릴 적에는 어머니의 숨소리와 이야기 소리로 아이가 자란다. 어머니의 음성은 아름다운 음악이요, 양식이며 꿈이다. 좋은 이야기든 좋지 않은 소리든 어머니의 소리에 아이는 커 간다. 아이들은 자라면서 수많은 소리를 듣기도 하고, 내기도 하며 지르기도 한다. 소음은 공해지만 소리는 아름다움이다. 소리 중에는 자연 그대로의 소리가 듣기 좋다. 조용히 내리는 비와 후드득 후드득 때리듯 퍼부어대는 소낙비 소리의 맛은 다르다. 소리는 변화되지 않고 자연 그대로 다가오기도 하고, 변화되어 다른 이미지로 바뀌기도 한다. 바람, 파도, 새, 풀벌레 소리는 눈을 감아도 피부와 감각으로 만져진다.

자연의 소리는 위대하다. 인간에게 지배되어 존재의 가치를 상실하다가도 불현듯 본래의 모습으로 다가와 흉내 낼 수 없는 위력을 발휘하여 공포의 도가니에 몰아넣는다. 위협적으로 다가오던 소리는 눈과 귀를 질식시키고 송두리째 앗아갈 기세로 왔다가는 가만히 침묵 속으로 숨어버린다. 하지만 인간은 어떠한 것에도 지배되지 않고 극복하며 더 나은 환경을 일구어 나간다. 자연의 소리는 다듬어지지 않은 아름다움이다.

인간이 만들어 낸 악기의 소리보다 다듬이질하며 도란도란 속삭이는 아낙네들의 소리는 더 정겹다. 아이의 울음소리, 문이 열리고 닫히는 소리, 사랑하는 사람의 속삭이는 소리, 어머니의 아이 부르는 소리는 사랑스럽고 달콤한 초콜릿 맛이다. 소리는 살아 있다. 움직이는 동작이 눈에 보이지 않아도 높고 낮음을 그린다.

딸아이는 갖고 있던 풍경을 거실에서 주방으로 들어가는 입구에 달아 놓았다. 아이가 일본으로 떠나고 삼 개월이 지나도록 풍경 소리를 듣지 못했다. 아니 풍경이 있었는가조차 인식하지 못했다. 풍경은 조용히 있었다. 칠팔월의 더위에 닫혀 있던 창문이 열리며 밖의 공기가 한꺼번에 밀고 들어왔다. 침묵을 지키고 있던 풍경이 소리를 낸다. 그 소리는 맑고 청아하며 가늘고 긴 여운으로 가슴을 파고 들어왔다. 마치 산사에 온 착각을 갖게 했다. 나는 눈을 감고 숨을 죽이고 좌정(坐定)한 채 무아경으로 있었다. 갑자기 침묵과 어둠을 가르며 가늘고 여린 목소리로 감미롭게 찰랑댄다. 그 작은 소리에는 커다란 힘으로 나를 온통 푸르고 넓은 벌판에 서 있게 했다. 주위에는 아무도 없다. 나만이 있는 느낌이다. 소리는 무한한 힘을 갖고 있다. 정신적인 불안과 안정도 가져다 준다. 똑같은 음으로 수없이 반복되어지면 정신적인 분열증상을 일으킨다. 소리는 듣는 장소와 마음에 따라 다르게도 느껴진다.

기분이 좋을 때는 어느 것을 들어도 받아들여지지만, 반대의 상황에선 다르다. 좋고 싫음이 분명해진다. 혼자 있을 때의 풍경소리는 가슴 깊이 커다란 울림으로 다가온다. 딸아이가 달아 놓을 때만 해도 나의 잘못된 생각으로 탐탁하게 여기지 않았었다. 절에 온 기분이 난다면서.

지금은 그런 내 자신이 모순 덩어리가 되어 겸연쩍게 웃곤 한다.

풍경이 며칠째 침묵을 지키고 있다. 줄 끝에 매달려 있던 종이추가 달아나고 없어졌다. 지난번 심하게 짤랑대더니 바람에 날아간 모양이다. 소리 없이 매달려 있는 풍경이 마음에 걸려 손끝으로 살며시 때려본다. 온몸을 뒤흔들고 쨍강하며 짧고 둔탁한 소리를 낸다. 종이 추가 바람에 날려 부딪히는 소리와 판이하게 달랐다. 풍경의 아름다운 소리는 추가 있으므로 탄생되는 것이었다. 바람에 날아간 추를 한동안 찾지 못했다. 풍경으로서의 제 역할을 하지 못하고 종으로서의 단순함으로 있을 때, 별 다른 가치가 느껴지지 않았다. 세상 모든 이치는 서로 어우러져 있을 때의 아름다움이 보기 좋다. 우리는 가끔 잊는다. 보아주는 사람이 없는 무대에 선 연기자가 무엇이 필요한가를.

솔로(solo)보다 화음이 잘 맞는 중창단의 소리와 합창 소리는 갖고 있는 가사는 같아도 소리의 맛은 다르다.

소리는 살아 있음이며, 소리를 들을 수 있음은 신의 은총이다. 하루 종일 종이 추를 찾는 일에 소모했다. 바람에 날아간 종이는 식탁 밑 구석진 곳에 찢기고 구겨진 채 웅크리고 있었다. 다른 것으로 바꾸어 달아 놓으려다 딸아이를 기억하는 마음에 찢어진 자리는 얇은 스카치테이프로 붙여 바르게 펴 달아 놓았다. 그리고 창문을 활짝 열어놓았다.

풍경이 소리를 낸다. 잃어버린 줄 알았던 소리는 맑고 고운 음으로 찰랑댄다. 나는 깊은 숨을 들이쉬며 소리를 듣는다. 그 속에 내 아이의 소리와 옆 집 아이의 칭얼거리는 소리, 창문 밖의 아이들의 고함소리, 왁자지껄 떠드는 소리, 친구 부르는 소리, 우는소리.

아 - 이 모든 소리는 살아 있는 소리며 아름다운 소리다.
〈『견습일지』 2006년. 8월.〉

선 지키기

"할머니, 이 선 넘어오면 안 돼."

네 살배기 손자 녀석이 노란 테이프를 거실 바닥에 길게 붙여놓고 그 선을 넘지 말라고 으름장이다. 아이의 반응을 보기 위해 살며시 발을 선 안으로 넣어본다. 쏜살같이 달려와 나를 선 밖으로 내몬다.

"손자, 할머니도 함께 하면 안 될까?"

조금은 간절한 표정을 지으며 물어 보자 한참을 망설이다 후하게 인심이나 쓰듯이 고개를 끄덕인다. 손자 녀석이 그어 놓은 선 안으로 들어갔다.

"할머니 선 밟으면 밖으로 나가 있어야 해. 그리고 못 들어온다."

네 살배기 손자 녀석도 자기만의 공간을 만들어 놓고 다른 사람이 들어오는 것을 막는다. 단호했다가도 더러는 유연한 손자 녀석의 모습을 바라보며 엉뚱한 생각으로 고개를 들게 한다. 선, 선, 선, 선… 이 선이 얼마나 많은 것들을 제어하는 것인지 녀석은 알기나 할까.

'선'을 안다는 것은 자기의 세계를 안다는 것이고, 또 나와 남을 의식하고 산다는 것이며, 많은 것들을 막고 있는 것임을 알까. 네 살밖에 되지 않는 손자가 벌써 이 골치 아픈 문제에 빠져들고 있다는 데에 소름이 돋는다. 상대를 들어오지 못하게 하고 자기의 영역을 지키려함은 소유의 개념을 안다는 것이 아니겠는가. 갓난아이가 백일이 지나면서 손을 움켜쥐는 것을 보고 욕심이 생겼다고 이야기하지 않던가.

난 손자 녀석을 측은히 바라본다. 처음에는 완강하다가도 할미의 애원에 너그러워지는 것을 보니 나름 인간미는 있는 것 같은데, 요즘 세상을 어찌 살지 걱정도 된다. 그러면서도 다시 선을 밟지 말라며 강력하게 룰을 가르쳐 주는 모습을 보면서 큰 탈은 없겠지 싶기도 하여 미소를 보낸다.

"꽝" 무엇인가에 부딪히며 앞이 보이지 않는다. 갑자기 벌어진 이 상황이 무엇일까. 어디에 숨어 있다 나타났는지 에어백이 강하게 얼굴을 때렸다. 순식간의 일에 정신을 잃었다. 쿵쿵 둔탁한 소리에 눈을 떴다. 차창 밖이 어수선하다. 그제야 무엇인지 어렴풋이 감지된다. 몸이 무겁고 얼굴은 후끈후끈 하고, 가슴이 터질 것 같다. 사고다. 지금 사고가 난 것임을 그제야 깨닫는다.

조금 전까지 내 앞을 달리던 차를 뒤따라가고 있었다. 좌회전할 때까지도 아무런 일이 없었다. 앞차를 뒤따라가는 것에만 몰두했지, 직진으로 달려오는 차를 유념하지 못했다. 아니 상대 차가 좌회전하는 앞차를 미처 생각지 못하고 달리다 그만 뒤따라오는 내 차와 정면충돌을 한 것이다. 차의 앞 범버가 하마 입이다. 머릿속이 텅 비어 아무 생각도 나지 않는다. 난 대책 없이 달아오르는 얼굴만 감싸고 서 있었다. 상대는 어딘가에 연락을 취하고는 태연하게 담배만 피우고 있었다. 이런 일에 대한 지식도 경험도 없으니 할 수 있는 일이라곤 아무 것도 없다. 상대는 도로 바닥에 하얀 선을 그으며 나를 향해 '중앙선 침범'이라며 눈에 힘을 준다. 아, 중앙선이 이리도 무서운 것이었구나.

"얘, 어른노릇하기가 그리 쉬운 줄 아니? 니도 나중에 며느리 보면 알게 될 거다."

친정엄마가 살아 계실 때 종종 하시던 말씀이다. 성깔 있는 양반이 어느 날부터 며느리 앞에서 납작 엎드리셨다. 아들밖에 모르던 엄마가 밖으로 빙빙 돌더니, 큰 각오를 하고 집으로 입성하면서 방향을 바꾸셨다. 당신의 자리를 확실하게 좁히셨다. 웬일인가 싶어 물어 보아도 대답이 없다. 묵묵부답이던 엄마가 겨우 챙긴 말은 '보아도 못 본 척, 알아도 모른 척하는 것이 상책'이라는 것이었다.

친정엄마가 느꼈던 상황을 지금 이야기하는 자매가 있다. 아들 하나밖에 없는 그녀는 교직 가진 며느리를 보았다고 좋아했다. 이것저것 싸들고 서울 아들네에 열심히 들락거렸다. 신혼 초이니 그만 가라고 권해도, 해 주고 싶은 마음을 다스리기엔 역부족이었다. 그 며느리가 두 해만에 손주를 낳았다. 한걸음에 달려가더니 내려올 땐 풀이 죽어 말이 없다. 아들 이야기만 나와도 환하던 얼굴이, 울음이 터져 나올 상이다. 긴 시간동안의 가슴앓이가 지나간 후에야 자매는 입을 열었다.

"이젠, 자식이고 나발이고 없다. 내 건강 내 지키고 재미있게 살끼다."

자매 생각엔 직장생활에 살림이 쉽지 않겠다고 여겨 이것저것 해 주고 싶었지만, 며느리가 쳐놓은 선을 넘은 모양이다. 이 선이 아주 선명하게 쳐 있는 것을 시어머니인 자매는 미처 몰랐던 것이다. 손주를 안아 보겠다고 하니, 며느리가 막는다.

"손 닦고 옷 갈아입고 만지세요."

자매 딴에는 단 하나밖에 없는 며느리니 딸처럼 지내겠다고 생각한 것이 문제였다. 둘 사이의 선이 명확하지 않아

불신의 아픔이 컸던 것 같다.

 밀착되어 지내면 좋지만 간격이 없다보면 상대에 대한 배려를 잊을 때가 있음을 까맣게 잊게 된다. 조금은 거리를 두고 서로 배려하는 것이 신뢰를 지속할 수 있는 길이 아닐까 싶다. 우리 삶도 조금은 밀쳐놓고 이만치서 선을 지키며 바라볼 수 있는 거리라면 부딪치는 일이 그다지 많지 않을 것이다.
 오랜만에 찾아온 손자 녀석이 신이 나서 힘껏 내달린다. 그를 제어하는 것은 아무 것도 없다. 뛴다고 나무라지 않으며 복잡한 집기들도 없어 마음껏 뛰어놀 수 있다. 오늘도 거실바닥에 온통 테이프로 선을 그어놓고 저만의 선을 지키려는 녀석의 밝은 미소가 집안 가득하다. 그래, 이 할미의 우둔한 감지를 뛰어넘어 손자 녀석은 슬기롭게 선을 지키며 살기를 오늘도 기도해 본다.

〈『수필과비평』 2018년 4월호.〉

아까시 향기 맡으면

오월이다. 창문을 열면 아카시아의 은은한 향기가 코끝을 혼란스럽게 한다. 오월은 신록의 아름다움에 도취되어 어디론지 떠나고 싶은 충동을 느끼게 한다. 닫혀 있던 마음은 따스한 빛으로 새로운 힘을 만들어 낸다. 오월의 들판을 가 보라. 한 치의 빈 땅을 허락하지 않고 갖가지의 풀들이 군락을 이루고 있지 않은가. 일구어 놓은 논과 밭은 사람의 손길이 닿은 만큼 작물이 탐스럽게 자란다. 돋아난 잡초는 그들만의 특성과 질서를 유지하며 때로는 남의 몸을 휘감고, 자기만의 영역을 넓히려 한다. 그 모습이 사람들의 모습과 닮았다. 깨어나 기지개를 켜던 마음은 오월의 신록으로 풍요롭고 관대해진다. 자연이 가져다주는 신의 섭리인가 보다.

젊은 여인들은 오월의 신부이기를 원한다. 화려한 장미꽃에 비유하리만큼 결혼식은 성대하다. 자기의 일생에서 최대의 날이기 때문일 것이다. 오월이 되면 심장의 박동이 빨라진다. 자그마한 일에도 감수성이 예민하여 흥분을 한다. 그래서 계절의 여왕인 오월에 결혼하기를 원하는가 보다.

 모든 생물들의 번식기도 역시 오월이다. 이때가 되면 화려하게 치장한다. 바다 속의 각종 어류들도 그렇고, 산 숲 정이에 둥지를 트는 새들과, 들풀 속의 작은 벌레까지도 그렇다. 그러나 나는 아까시가 만발하는 오월이 오면, 아린 추억 속으로 자신을 밀쳐버리고는 깊은 상념에 빠지고 만다.

 아까시의 향기가 바람에 실려 오면 가만히 눈을 감고 숨을 깊이 쉬는 버릇이 있다.

 어릴 때 나의 집은 언덕배기에 위태롭게 서 있었다. 집 뒤 언덕 너머에는 군부대가 있었다. 아침에는 군가 소리에 눈을 떠 취침나팔 소리를 들을 때까지 늘 군인들의 모습을 보면서 자랐다. 철조망 너머 초소에서 군인들이 언니를 만나게 해달라며 미끼로 건네주던 건빵의 맛을 지금도 잊을 수가 없다.

 동네 머슴아들은 수풀을 뒤적이며 깡통과 빈 병 찾기에 혈안이 되어 있었다. 그때의 나의 일기는 무너져 내리는 집과 군인 아저씨의 이야기뿐이다. 바람이 불면 흙집이 무너져 내릴 것 같아 울었고, 비가 오면 시에서 공무원들이 나와 가마니를 덮는다며 수선을 피울 때도 나는 울었다. 제법 넓었던 뒤뜰에는 동네 아이들이 고무줄놀이와 줄넘기를 하며 놀았던 곳이다. 그런 땅이 겨울을 한해 두해 넘기면서 뚝뚝 떨어져 나갔다. 다 떨어져 나간 땅에는 집만 덩그렇게 있어 보는 사람들을 불안하게 했다. 호우주의보가 내리는 날이면 여지없이 가마니가 출동했다. 비는 어린 나의 가슴에 아픔으로 줄줄 흘러내렸다. 근본적인 해결은 땅을 깎아 집을 다시 짓는 것이었지만 형편이 여의치 못하여 그럴 수 없었다. 궁여지책으로 생각한 것이 나무를 심자는 것이었다.

어느 곳을 가든지 벌거숭이 산뿐이라서 사방공사라는 명분으로 한 가정에 한 사람씩 나무 심는 일에 동원됐다. 사방공사에 참여했던 아버지가 일을 마치고 돌아오실 때 자그마한 아까시 묘목을 가지고 오셨다. 작은 나무는 생각보다 생명력이 강하여 기대 이상으로 잘 자라 주었다. 어른 키의 열 배쯤 족히 되어 보이던 언덕 아래가 나무가 자라면서 묻혀져 갔다. 그러면서 친구들과의 놀이도 달라졌다. 아까시의 어린 잎이 나풀거릴 때면 잎 떼기 놀이를 한다. 가위 바위 보로 이긴 쪽이 나뭇잎을 떼어내는 놀이다. 잎줄기가 굵어지고 야물어지면 잎은 떼어버리고 줄기로 머리를 말아 올리기도 했다. 꽃자루에 초롱 같은 꽃이 매달린다. 꽃을 하나 둘 따서 입안 가득 넣고 씹었다. 눈깔사탕의 단맛에 따르지는 못하지만 달착지근했다. 꽃이 활짝 피어 있을 때의 향기는 코끝에 묻어 있는 듯한 착각을 들게 한다. 어머니는 아까시 꽃을 말려 떡을 만든다고 하셨지만 꽃떡을 먹어 본 기억은 없다. 술을 즐겨 드시던 아버지를 위한 술항아리는 찬장 밑 후미진 곳에 밀쳐져 있었다. 꽃이 시들면 꽃잎이 떨어져 온 집안 구석구석을 지저분하게 바꾸어 놓는다. 바람이 불 때마다 떨어지는 꽃잎은 마치 꽃눈이 내리는 모습이었다. 나는 더 많은 양의 꽃눈을 맞고 싶어 언덕 끝에 서 있기도 했다. 언덕배기집은 그 상태로 오래도록 버티어 주었다.

우리는 그 집을 어머니의 친구 분에게 팔았다. 그 분이 삼 년을 더 산 후에 그곳은 도시의 중심지가 되었다. 군부대가 이동하고, 많은 건물들이 우후죽순으로 들어섰다. 어머니는 그 집에 대한 아쉬움으로 오래도록 가슴앓이를 하셨다. 그렇게 빨리 군부대가 떠날 줄 알았으면 더 버티어 보는 것인데……. 어머니의 푸념 섞인 한숨소리가 들리면 나는 슬그머니 자리를 뜬다. 물론 비가 내리면 흙벽돌이 흘러내리는 집을 끌어안고 있을 수는 없다는 생각에서 내린 결론이지만, 나의 투정도 어머니의 가슴을 무겁게 누르고 있었다는 것을 나는 잘 알고 있었기 때문이다.

"엄마, 제발 우리 다른 곳으로 이사 가요."

비가 오거나 바람이 심하게 불면 나는 두려움에 어머니를 졸라댔었다. 당시 집안일엔 전혀 관심이 없던 아버지는 무너져 내리는 집이건 생활이건 모두를 어머니의 몫으로 넘기셨다. 늘 술에 취해 모든 것을 포기한 삶을 살고 있는 아버지에 대한 원망도 커 갔다. 그때 아름다워야 했던 나의 사춘기는 장마철의 비처럼 흐리고 갬을 반복하고 있었다.

지금 그 자리는 아무런 흔적도 찾아볼 수 없다. 관공서에 매달려 온 음식점들의 불빛이 아까시의 하얀 꽃을 내몰고 계절 없이 번쩍인다. 군인들의 모습도 사라진 지 오래다. 오월이 오고 아까시가 피면 나는 언덕배기 집이 그립다. 소꿉놀이하던 친구도 철조망 풀밭을 뒤적이던 머슴아들도 한 번쯤 보고 싶다.

연녹색 나무들 속에 하얀 아까시 꽃. 그 아까시 꽃을 바라보면 그리운 사람이 또 있다. 친구 E이다. 대학 축제로 한창 들떠 있던 오월의 어느 날이다. E와 더불어 몇 명이 초대를 받았다. ROTC 생들 축제에 초대된 것이다. 어두컴컴한 찻집 중앙에 자리를 잡았다. 남들의 시선을 의식하지 않고 쪽지를 접어 짝을 정하기에 정신이 없다. 숫자가 같으면 오늘의 짝이다. 접어진 종이가 소리 없이 공중에 오르다 탁자 위에 가볍게 내려앉았다. 그들의 표정이 종이를 펼쳐 확인하면서 달라졌다. 밝은 표정이 있는가 하면 덤덤한 얼굴도 있다. 시간에 쫓기듯 서둘러 축제 장소로 향했다. 입구에서부터 일렬로 서 있던 예비 장교, 그들의 모습은 제복과 잘 어울려 멋져 보였다. 한 사람씩 짝을 만나 손을 잡고 주최 측에서 준비된 상자를 받아 가지고 자리에 앉았다. 상자 안에는 다과와 음료수가 들어 있었다. 다양한 행사가 시작되었다. 장기자랑과 게임, 초대가수의 노래와 만담이 이어졌다. 가끔씩 실바람에 실려 온 아카시 꽃 향기가 축제 분위기에 감미로움을 안겨주었다. 시간이 흘러 행사가 끝이 났다. 집으로 돌아오는 길은 아까시나무가 줄지어선 뒷길이다. 부러질 듯이 매달린 꽃이 인사를 하려는 듯이 고개를 길게 늘여 진한 향기를 내뿜었다. 갑자기 혼자라는 외로움에 몸을 떨었다. 조금 전에 느꼈던 주변은 어둠에 묻혀버렸다. 화사한 아까시가 소복한 여인네의 풀어헤친 모습으로 앞을 막아섰다. 고르지 못한 나의 숨소리가 두려움을 몰고 왔다. 머릿속은 찬란한 불빛 속의 얼굴들과 음악, 아까시, 그 모든 것들로 뒤엉키어 그 밤은 어둠을 오래도록 붙잡고 놓아주지 않았다.

  이튿날이었다. 친구들은 어젯밤의 축제일로 야단들이다. 그 중 E의 축제 뒤풀이가 가장 큰 사건으로 나타났다. E는 새파랗게 질린 얼굴로 떠듬떠듬 상황을 설명하고 있었다. 축제의 분위기가 아직 남아 있어 아쉬움이 들었다고 했다.

남자 쪽의 제안을 선뜻 받아들여 산책을 하기로 했다. 낮에 봐 두었던 공원길의 아까시가 떠올라 택시를 타고 공원으로 갔다. 한참을 걷다보니 아무도 없이 단둘이 숲 속으로 자꾸만 들어가자 겁이 더럭 난 것이다. 돌아가자고 하는 쪽과 더 걷고 싶다는 쪽으로 옥신각신하다 다급한 마음에 E는 고함을 질러버린 것이다. 결국 남학생을 치한으로 몬 결과가 되었다.

"제복을 입고 소개로 만났는데……."

E를 데리고 갔던 남학생은 훗날 내게 민망하다며 허탈해 했다. E의 과민에서 온 행동은 소개해 준 사람을 난처하게 만들었다. 그 후 우리는 E와 같이 있을 때에는 아까시의 이야기를 꺼내지 않았다.

그 친구는 지금 어디 있을까? 어느 곳에서나 볼 수 있는 그 꽃을 E도 볼 것이다. 그 때의 감정과는 달리 웃어버릴 수 있는 나이가 되었다. 만나는 기회가 온다면 아까시의 공원길을 이야기하며 한바탕 웃고 싶다.

아버지의 대책 없는 삶으로 힘들게 살았던 사춘기의 설움도, 아버지의 모습도 아련하게 찡한 울림으로 다가온다. 꽃향기를 맡으면 아픈 기억도 아름다움으로 다가오는 것 같다. 언덕배기집도 친구도 그리움으로 몰려온다. 꽃향기보다는 나무에 대한 이야기가 떠오르는 어릴 적 기억은 나이가 들면서 곁뿌리로 무성하게 번식하는 아까시가 달갑지가 않다.

 남편이 퇴근길에 아까시 꽃을 한아름 꺾어와 차안에 넣어준다. 차안에 앉아 맡아보는 꽃의 향기는 언덕배기집에서 맡았던 그 향기와 E의 생각을 되살아나게 한다.
〈『거제수필』창간호. 1999. 10.〉

솔로몬의 지혜

- 하느님과 함께하는 삶

이것은 사람을 교육하여 지혜를 깨치게 하고
슬기로운 가르침을 깨닫게 하려는 것이요,
교육으로 사람을 깨우쳐 무엇이 옳고 바르며
떳떳한지 헤아리게 하는 것이다.
어리석은 자를 슬기롭게 하고
철부지를 깨우쳐 뜻을 세우려 하는 것이다.
지혜로운 사람은 이 가르침을 들어 학식이 더해지고
슬기로운 사람은 남을 이끌 힘을 얻어
잠언의 깊은 뜻을 풀이해주고
현자의 말이 품은 뜻을 깨우쳐준다.

(잠언1장 1-7)

야훼 하느님께서 솔로몬 꿈에게 나타나 물으셨다.

"내가 너에게 무엇을 해주면 좋겠느냐?"

솔로몬이 하느님께 대답하였다.

"야훼 하느님이여. 주께서는 소인의 아버지 다윗에게 망극한 은혜를 베푸셨으며 소인을 왕으로 세워 티끌처럼 많은 백성을 다스리게 하셨습니다. 이제 이 백성을 이끌 수 있도록 슬기와 지식을 주십시오. 누가 감히 이렇게도 많은 주의 백성을 다스릴 수 있겠습니까?"

하느님께서 솔로몬에게 대답하셨다.

"부귀영화도, 원수의 목숨도, 그리고 오래 살도록 청하지도 않고, 내가 너에게 맡긴 백성들을 다스리기 위한 슬기와 지식을 청하다니, 네 뜻이 갸륵하구나. 슬기와 지식 뿐 아니라. 부귀와 영화도 주리니, 너와 같은 임금은 전에도 없었고 후에도 다시 없으리라."

난 잘하는 것이 하나도 없다. 내세울 만한 것도 없다. 그래서 기도를 한다. 솔로몬이 하느님께 백성을 다스리기 위해 슬기와 지식을 구했듯이 나도 아주 작은 내 삶이지만 지혜를 주십사고, 기도한다. 솔로몬과 같은 지혜는 아니더라도 살아가는 데 어려움을 극복할 수 있는 기도. 그 기도마저 하지 않으면 안 될 것 같아 반쯤 눈을 감은 채 매일 아침기도를 한다. 제 아둔한 머리에 대한 것이고, 또 하나는 제 입으로 남을 해하지 않게 해 달라는 기도이다. 그러나 그 기도와는 달리 예기치 못한 일 만나면 본의 아니게 엉뚱하게 타락의 늪으로 떨어지고 만다. 그리고 낙심을 한다. 인간은 미묘한 동물인지라 감정 대립으로 또는 보잘것없는 일로 서로에게 상처를 주고받는다. 친숙할 때는 느끼지 못하는 감정도 껄끄러운 상태가 되면 마주치는 것조차 망설이게 된다. 그저 스쳐 지나가는 이야기도 곱씹어질 때가 있다. 건드리기만 하여도 묻어 두었던 일들이 슬슬 기어 나와 심기를 어지럽힌다. 돌이켜 생각할수록 화가 나고 용서가 되지 않는다. 어찌 그럴 수 있느냐고 따져 묻고 싶다. 생각할수록 괘씸죄를 논한다. 누가 누구의 잘못을 따지고 밝힌들 무엇하겠느냐만 우린 또 그런 일에 맞닥뜨리면 이내 후회한다. 주님, 제 마음에 평화를 주십시오. 그리고 그들을 용서하게 해 주십시오.

우리의 죄 대부분은 사람과의 관계에서 생긴다. 특히 욕심에서 빚어진다. 말 한마디 한마디가 칼이 되고 독이 된다. 마음으로는 다 알고 있지만 행동으로 옮기지 못한다. 그래서 난 오늘도 기도를 한다. 매번 번복하는 일이지만 주님, 저의 죄를 용서하소서. 제 입술로 악을 행하게 하지 마시고 찬미하게 하소서.

아이 둘을 키우며 자주 어려움을 느낄 때가 있었다. 그럴 때 나는 잠언 말씀과 솔로몬의 지혜를 아이들에게 들려주곤 했다. 내 작은 머리와 지혜로 아이들을 설득하기란 쉽지 않아서다. 아니 그보다 더 좋은 말씀이 없다는 나의 판단에서다. 성서 안엔 길이 있고, 진리가 있다. 그리고 그곳엔 어떤 삶을 살아야 하며 어떻게 하라고 쓰여 있기 때문이다. 난 어머니의 입을 통해 들려주는 성서, 그것은 어떤 이야기보다 설득력이 있고 거부감 없이 받아들인다는 생각을 했었다. 그 땐 그랬다.

아이들 교육 문제로 남편과 떨어져 살았다. 한창 사춘기가 시작된 아들 녀석에게 엄마의 이야기는 잔소리다. 크게 반항하거나 엇나가지 않던 아이의 행동이 조금씩 내 눈에 잡히는 것이 예사롭지 않아 보였다. 고민을 했다. 그리고 두 아이 보는 앞에서 매일 성서를 읽고 기도를 했다. 교회에 다니지 않은 아이가 '종교란'에는 항상 기독교라고 적어 가곤 했다. 그때마다 기회다 싶어 교회에 나가자고 종용하면 번번이 거절했다. 어려서는 열심히 다니던 아이들이 주일학교 선생님이 무섭다며 교회 가길 싫어했다. 그 후유증으로 머리가 커질수록 어려웠다.

나의 말보다 자기들이 갖고 있는 논리적인 이야기와 사고를 펴며 오히려 날 설득하려 들었다. 눈앞에 보이는 것조차도 거부하려는 아이들 앞에 난 수없이 인내라는 글자를 되새기곤 했다. 잘못하다가는 감정이 앞서 마음만 다치게 되기 때문이다. 그 아이들이 이젠 삼십의 문턱에선 성인이 되었다. 그들에게 내가 할 수 있는 것은 강요가 아닌 스스로 갈 수 있게 열심히 기도하며 바르게 생활하는 것이다. 가끔씩 어려울 때면 어미의 기도를 원하니 그 또한 얼마나 다행스러운 일인가. 그리고 '아니오'보다 '예'로 대답하는 긍정적인 사고를 가지고 남을 배려하는 착한 심성을 갖고 있음도 주님의 축복이지 싶다.

우리는 작은 이익을 얻기 위해 큰 것을 잃을 때가 있다. 그리고 잃은 것의 안타까움 때문에 자기가 갖고 있는 것의 소중함을 모를 때가 있다. 어느 것 하나 소중하지 않은 것이 없다. 가정은 작은 교회며, 작은 나라이다. 하느님은 가정의 평화를 원하셨다. 난 우리의 아이들에게, 그리고 이웃의 총명한 아이들에게 똑똑함보다, 지혜롭고 슬기로운 자가 되기를 바라고 싶다. 솔로몬이 수많은 백성을 잘 다스림도 주님이 주신 지혜의 덕분이리라. 나의 작은 세상도 주님의 은총이 아니면 이루어질 수 없다는 것을 나는 안다. 그러기에 나는 오늘도 고개를 숙이고 기도를 한다. 주님 저에게 지혜를 주십시오. 그리고 제 입술로 남을 해하지 않게 해 주십시오.

〈『견습일지』 2006년. 8월.〉

태풍 속에서

 태풍 '사오마이'가 이곳을 강타했다. 내가 잠들어 있는 동안에 태풍은 달려와서 세상을 온통 삼켜버릴 듯 울부짖고 있었다.
 잠에서 깨어나 전깃불을 켜니 불이 들어오지 않는다. 정전이다. 휴대폰을 보니 새벽 세 시다. 놀라 잠이 달아난 나의 귀로 바람의 고함소리가 예사롭지 않다. 캄캄한 방안에서 듣는 바람소리는 정녕 꿈이 아니라 현실이었다. 커튼을 걷고 밖을 내다본다. 손에 잡힌 창틀이 경련을 일으킨다. 이곳이 태풍의 영향권에 들었음인지 아파트 단지를 송두리째 흔들어댄다. 희미한 가로등에 비친 태풍의 모습은 무서웠다. 내 눈앞에서 보란 듯이 가로수를 뽑아 들고 머리채를 흔들어 댔다. 그리고는 아파트 단지 주변을 송두리째 삼킬 듯이 포효했다.

아파트 출구 앞에서 구르고 있는 화분 하나가 공포에 질려 있는 나의 눈에 들어왔다. 야자 분이다. 고무 화분에 담겨 있는 야자는 머리를 풀어 헤치고 이리저리 끌려다니며 울부짖고 있었다. 야자 분은 속수무책으로 농락당했다. 시멘트 바닥 위에서 몇 바퀴를 돌던 화분은 화단 난간에 옆구리를 부딪쳤다. 그래도 다행인 것은 야자는 화분에 끈으로 단단히 묶여져 있어 쏟아지지는 않았다. 마음 같아서야 뛰어나가 들여놓고 싶지만, 태풍은 나의 출현도 허락할 것 같지 않았다. 바라만 보아도 너무 무서워 바람 속으로 들어간다는 것이 선뜻 내키지 않았다. 안타까운 마음으로 야자 분을 바라보다 방으로 들어왔다.

방안은 캄캄하다. 태풍의 고함소리가 창문을 뒤흔드는 방안에서 공포에 떨고 있다. 그런 중에도 야자 화분의 울부짖음이 내 고막을 떠나지 않는다.

다른 것들은 모두 실내에서 사람의 보호를 받고 있는데, 어찌하여 밖에 내팽개쳐져 저토록 시련을 당해야 하는 것일까? 저 화분의 주인도 처음엔 좋아서 구했겠지. 물론 지금은 집을 비워 보호할 수 없는 처지일지도 모른다. 어찌되었던 시멘트 바닥에 버려져 뒹구는 야자의 모습은 가슴 아픈 일이 아닐 수 없다. 이불을 뒤집어쓰고 잠을 청해 본다.

잠에서 깨어 보니, 날은 훤히 밝아 있었다. 늦잠을 잔 모양이다. 새벽에 몰아치던 태풍은 온데간데없이 사라지고 온 천지가 고요하다. 창문을 열고 밖을 내다보니, 여기저기 쓰러진 가로수 위로 햇볕이 얄밉게 미소를 지으며 내려다보고 있었다. 눈에 들어오는 거리는 한바탕 전쟁을 치르고 지나간 듯이 엉망이다. 세워져 있던 승용차는 주인을 따라 출근을 했는지 몇 대 남아 있지 않았다.

늦은 시각 아파트를 나오던 나는, 어젯밤 시멘트 바닥에 온몸을 부딪치며 끌려다니던 야자 화분을 보자 측은한 생각이 들었다. 아직도 일어나지 못하고 드러누워 있다. 그토록 많은 사람이 출근을 하면서 보았을 텐데, 아무도 일으켜 주지 않았다니……. 화분을 세우며, 나는 문득 그 아이를 떠올렸다.

그 아이를 처음 만난 것은 학교 앞에서였다. 잘 알고 지내는 후배 부인의 소개를 받고 찾아갔을 때, 아이는 가을 운동회 연습을 하다가 나왔다. 검게 그을린 얼굴. 조금만 움직여도 먼지가 풀풀 날릴 것만 같은 몸에서는 땀 냄새가 풍겨왔다. 낯익은 시골아이의 모습이다. 흙투성이가 된 운동화와 옷을 바라보는 순간 나의 어린 시절이 떠올랐다. 친근감이 갔다. 아이를 차에 태우고 집으로 향했다. 아이의 집은 바닷가 언덕 아래에 있었다. 아주 작은 마을이었다. 너덧 채의 집이 그림처럼 쭈그리고 앉아 있다. 마을 앞으로는 주먹만 한 섬들이 갈매기를 벗하며 지내고 있는 전형적인 어촌. 한 폭의 그림을 보는 것 같았다.

분명 남의 집 구석방 하나 얻어 살고 있겠지. 칙칙하고 어두운 골방에서 공부하다가 문득 부모가 그리우면, 바닷가로 나와 갈매기를 향해 돌맹이나 던지겠지. 이런 생각 속에서 아이를 따라가 보니, 번듯한 대문 안으로 들어선다. 갑자기 어리둥절해졌다. 조금 전 내가 생각한 상상이 깡그리 무너지고 속에서 치밀어 오르는 의구심을 나는 감추질 못했다. 아, 이건 아닌데…….

"여기가 너의 집이니?"

"네."

"이 집에서 누구랑 같이 사니?"

"언니랑 둘이서 살아요."

집 안은 깔끔하게 단장되어 있다. 정원에는 향나무가 잘 다듬어져 있고, 크고 작은 나무들 사이에 연못이 있었고, 붕어가 유유히 놀고 있다. 튼튼하고 아담하게 예쁜 집. 아이는 닫혀 있는 현관문을 열고, 책가방을 마루에 팽개치듯 내려놓는다. 나는 잡히지 않는 생각에 안으로 들어가 보았다.

더운 공기와 쾨쾨한 냄새가 기다리고 있었다는 듯 내게로 달려든다. 좁은 마루는 움푹움푹 가라앉아 나의 몸을 지탱하지 못하고 삐걱거린다. 쓸 만한 물건은 하나도 없는데 여기 저기 압류딱지가 붙어 있다. 얼룩져 색깔이 구분되지 않는 자그마한 침대. 그 침대를 아이들은 놀이터이며, 잠자리로 사용하나 보다. 냉장고 안에는 메말라 뒤틀린 김치조각이 붙어 있고, 먹다 만 냉동식품은 제 빛을 잃고 누렇게 변해 있다. 냉장고 앞면에는 커다랗게 쓴 경고문이 붙어 있다.

-집을 더럽게 사용하면 쫓아낸다. 큰엄마.

그랬다. 큰아버지 집이었다. 할아버지가 살았고, 아버지가 태어난 곳. 이곳에 사오마이보다도 무서운 태풍이 몰아닥친 것이다. 바다를 업으로 이 외진 곳에서 나름대로 탄탄하고 다복하게 살다가 한순간에 무너져버린 가정. 아버지와 이혼한 어머니의 가출. 버려진 아이들을 끌어안고 살다가 빚에 쪼들려 도피한 아버지. 결국 어른의 보호를 받고 자라야 할 아이들이 상처를 받고 살아가는 곳이다. 철없이 마냥 뛰어 놀아야 할 아이가 세상을 너무나 빨리 알고, 견디어 가는 삶의 현장이다. 밥솥이 고장 나 밥이 상한다고 걱정하는 아이. 식용유가 없어서 사다준 냉동식품이 그냥 있다는 아이. 빨래와 청소는 물론, 세금과 연료비를 걱정하는 아이. 그래도 혼자보다 서로 걱정을 나누는 언니와 동생이 있어 다행스럽다.

"그래, 서로 걱정하고 힘이 되어 주어야 해."

태풍 사오마이의 피해는 컸다. 가로수는 물론 전신주까

지 넘어졌다. 들판의 곡식들은 땅에 엎드려 주인에게 죽을 것 같다고 엄살이다. 태풍이 지나간 들판은 여기저기 상처 투성이다. 얼마나 많은 것들이 태풍에 시달렸을까? 성한 나뭇잎이 없다. 벌레가 먹은 것같이 구멍이 나 있거나 쥐어뜯겨 갈기갈기 찢겼다.

밤새 아이들이 궁금하다. 어둠과 태풍을 어찌 보냈을지. 아이가 내 차를 보고 달려온다. 반갑다.

"별일 없었니?"

"네."

"뭐했어?"

"붕어 집에 나뭇잎이 쏟아져서 걷어주고 있었어요."

나는 웃었다. 아이가 연못에서 나뭇잎을 걷어냈다고 하지 않고, 붕어 집에서 나뭇잎을 걷어주고 있었다고 말하는데 기뻤다. 곱게 자라고 있는 아이가 더 없이 고마웠다. 밤새도록 태풍에 시달린 나보다 더 어른스러움에 겸연쩍어 아이의 볼을 살짝 꼬집어 주었다. 그런 나를 보고 아이는 밝게 웃어준다. 이 고통도 언젠가는 그들에게서 사라지리라 믿으며.

〈『수필과비평』. 2000. 11/12.〉

대문 없는 집

내 모든 촉이 곤두서 있다.

언제부터인가, 내 집 넓은 정원에 제 흔적을 남기고 사라지는 녀석 때문이다. 무엇인지 확실한 판단이 서지 않아 눈과 귀를 곤추세우고 있다. 혹 그 녀석이 아닐까. 그러나 심증만 갖고 있지 확증은 없다. 남들이 다 자는 시간에 내 눈을 피해 들키지 않으려 한 발칙한 녀석. 생각할수록 헛웃음이 나온다.

우리 집엔 대문이 없다. 누구든 들어오려 맘만 먹으면 거칠 것 없이 안으로 들어온다. 집을 지을 때만 해도 커다란 문짝 넷이 어깨동무를 하고 들어오는 사람을 막아 세웠다. 대문의 색도 건물 색에 맞추어 골랐다. 들어오려는 사람이 벨을 누르면 안에서 누군지 확인할 수 있는 시설까지 갖추었다. 하지만 많은 사람이 드나드는 상황에는 아니지 싶어 떼어내어, 담 밑 한쪽 편에 기대어 놓았다.

어릴 적 사촌 당숙 집엔 커다란 나무대문이 있었다, 낮에는 열어 놓아 들락거리며 언니와 동생들과 어울려 놀곤 했다. 저녁이나 이른 아침에 심부름이라도 생기면 수문장처럼 내 앞을 가로막고 있는 문을 열어야 했다. 내 작은 손이 아프도록 두드리며 소리를 질러야 집안으로 들어갈 수 있었다. 문은 빗장을 걷는 순간 삐거덕 소리를 내지르며 열린다. 모든 식구들이 다 알아들을 수 있는 소리다. 아침 일찍이 당숙 집에 가는 것은 주로 숙부 내외의 심부름이었다. 대부분 무엇인가를 얻으러 가거나 빌리러 간다. 지금도 받거나 빌리는 것에 익숙지 않지만, 그땐 더 수줍어 수없이 대문 앞을 서성이며 고민을 했다. 제발 당숙모가 아닌 친숙한 동생이 나왔으면 하고 중얼대며 서성이곤 했다.

다시 대문을 달을 수는 없다. 울안으로 차를 들어 놓아야 한다. 하루에도 서너 번은 족히 드나드는 문에 빗장을 채워 번거로움을 감수하기도 쉽지 않다.

누군가 밝혀야 한다. 그래 다시는 내 집에 얼씬대지 못하게 하리라. 이리저리 바쁜 핑계로 잊고 지내면 어느 틈에 또 나타나 자신의 존재를 알리는 몰염치한 녀석. 더는 관대하게 보아주지 않겠다. 매일 아침이면 집 안팎을 둘러보는 남편이 부른다. 나와 보라는 거다. 꼼지락 꼼지락 손가락 크기의 물체가 꿈틀댄다. 얼마나 되었을까. 하루, 아니 한 시간 전에, 아니면 남편의 기척에 혼비백산하고 줄행랑치 느라 빠뜨린 줄을 모른 것일까. 혹시나 놓친 것이면 가지러 오겠지 하며 그냥 모른 체 두자는 남편 말에 자의 반 타의 반 그냥 넘겼다. 이튿 날 동이 트기가 무섭게 현관을 밀치고 나간 남편이 급히 부른다. 까마귀란 놈이 쪼아대 아무래도 치워야 할 것 같다고 했다. 안 보아도 상황은 최악임이 분명했다. 낯선 이의 다급한 목소리에 밖으로 나가보았다. 정자 바닥에 꿈틀대는 것이 또 있다. 그럼 어제의 그것과 한 배란 말인가.

"고양이지요?"

묻는 나의 말에 낯선 이는 강아지란다. 이제껏 고양이로만 알았는데 강아지.

"그럴 리가요? 우린 고양이라고 생각했는데."

낯선 이는 고양이와 강아지의 태어날 때의 차이점을 자세히 설명한다. 고양이는 털이 없는 상태이지만, 강아지는 털을 덮고 태어난다는 것이다.

"살아 있나요?"

아직은 꿈틀대는 것이 살아 있는 것 같은데 젖을 먹지 못하면 곧 죽을 것 같다고 했다.

"어쩌나 우유라도 먹여야 하는데 ……."

괘씸한 것 제 새끼를 팽개치고 어디로 도망쳤다니. 늘 우리 주변을 맴돌며 호시탐탐 먹을 것을 노리던 놈. 요즘 만삭의 몸으로 하루에도 서너 번도 넘게 내 집을 제 집인 양 드나들던 고양이려니 했는데. 뜻밖이다. 아침마다 볼일을 보고 달아난 그 놈은 고양이가 아니고 개란 말인가. 도대체 무엇일까. 한 번도 내 눈에 잡힌 적이 없는데……. 요즘 집 주위에 돌아다니던 개는 한 마리 없었는데.

대문만큼이나 마음의 문을 활짝 열고 살았다. 내게 볼일이 있는 사람이나 집 구경을 하려는 사람을 막지 않겠다는 생각에서다. 많은 사람들이 오고 갔다. 열려 있다는 것이지 나 모르게 물건에 손을 대거나 가져가라는 뜻은 아니다. 그런데, 내 집을 수없이 드나들며 앞에서는 조신한 척 다정하기 그지없던 그가 아니던가. 사람으로서는 지켜야 할 도리를 져버린 그의 행동을 떠올리면 피가 거꾸로 솟구쳐 숨쉬기조차 힘이 든다. 어찌해야 할까. 온종일 많은 생각들이 엉키어 목을 조여 왔다. 당장이라도 달려가 머리채를 잡아채 한바탕 소란을 피울까. 아니다. 임금님 귀는 당나귀 귀라고 외쳐대던 복두장이처럼 큰 소리로 외쳐댈까. 어떻게 하면 내 아픔보다 더 아프게 할까.

어머니의 떠나심과 맞물려 일 년. 남들에게는 일 년이었지만 나에겐 40년의 시간보다 길었다. 아직도 스치는 바람에 옷깃만 닿아도 주체할 수 없는 슬픔을 삼키곤 한다. 얼마나 시간이 흘러야 될까, 흐르는 시간에 맡기고 싶다. 그럼 조금씩 옅어질지 모른다. 묻어 두었던 아픔은 건드리기만 하면 고약한 냄새를 풍기며 기어 올라왔다. 그가 내 앞에 와서 어떠한 변명을 할지라도 내가 할 수 없고, 모든 사람들이 할 수 없다면 그것 하나만으로도 그의 잘못은 충분하다. 나의 고통을 그가 알고 있든 모르든 상관하지 않는다. 자신의 행동이 남에게 피해를 주었다면. 아니 자신에게 그런 일이 있다면 웃어넘길 수 있을까 반문하고 싶다. 난 지금 대문을 닫아야 하는지 이대로 오픈해야 하는지 고민 중이다.

내 눈에 찍혀 범인으로 오인 받은 그 놈은 새끼를 낳았는지 늘씬 한 몸으로 내 앞을 지나가고 있다. 제 자식을 버리고 도망간 또 다른 놈은 여전히 오리무중이다. 아직 나의 대문은 그대로 열려 있다. 아마 뜯겨진 대문은 담 밑에서 그냥 있을 것이다. 오늘도 난 성호를 그으며 마음의 평화를 달라고 중얼댄다.

〈『좋은수필』 2016년 8월호.〉

동병상련

오자서伍子胥 망명하여 벼슬하다.

초나라 사람이던 오자서는 부모 형제가 역적으로 모함을 받아 다 죽게 된다. 더 이상 초나라에서는 견딜 수 없게 되자 오나라로 망명하기에 이른다. 오나라에 온 자서는 갖은 고생 끝에 벼슬을 얻게 되고, 안정된 생활을 하게 된다.

아버지의 얼굴을 나는 모른다. 내가 세상에 태어나 한 돌이 되기도 전에 아버지는 한국동란에 참전하셨다. 어머니의 말씀에 의하면 방 귀퉁이에 세워 놓고 겨우 벽에 의지해서는 나를 바라보시며 손뼉을 치시다가 집을 나가신 후 전사통지서로 돌아오셨다고 한다. 강원도 인제군 휴전선 북쪽 지역에서 전사하여 시신도 수습하지 못하였다. 지금은 아버지의 이름 석 자만이 동작동 국립묘지의 무명용사탑 안에 기록되어 있다. 빽빽이 들어찬 그 많은 이름들 속에 갇히어 몸도 꼼짝하지 못하고 계신다.

아버지의 세상 떠남으로 인해 어머니는 내 곁을 떠났고, 나는 이 집 저 집으로 흘러 다녀야 하는 신세가 되었다. 아침에 날이 밝는 것부터가 싫었다. 날이 밝아 온다는 것은 나에게 시련의 시작을 알리는 신호였다. 친구들이 차분히 공부할 시간이면 나는 밭으로 나서야 했고, 그들이 편안히 잠든 시간이면 나는 누울 자리를 걱정해야 했다.

여하튼 그런 생활에서 벗어나 지금은 한 남자를 만나 가정을 꾸리고 살고 있다. 넉넉하지 않아도 남들에게 손 벌리지 않고 살고 있으니 큰 복이다. 슬하에 남매를 두어 사위까지 보았다. 앞으로 자식들 놓고 부를 수 있는 용어는 다 사용할 수 있는 복도 타고 났다. 굳이 욕심 부리지 않고 편안히 살자는 내 생각에 남편 역시 같으니 더 이상 바랄 것도 없다. 비록 벼슬을 단 것은 아니지만 아쉬움 없이 사니 벼슬아치가 무에 그리 부러우랴.

백비伯嚭 망명하여 오다.

오자서伍子胥가 오나라에 정착하여 벼슬을 하고 있을 때에 초나라 사람인 백비伯嚭가 오나라로 망명하여 왔다. 이를 본 오자서는 백비의 뒤를 자기 일처럼 돌봐 주어 벼슬을 하게 해 준다.

　태양이 엄마는 베트남 여인이다. 십 남매의 다섯째로 태어나 어려운 살림을 돕기 위해 한국으로 시집왔다. 생전 보지도 못하고 말도 통하지 않는 남자를 따라 한국으로 건너와 딸아이를 낳았다. 그 아이가 태양이다. 어쩌면 그토록 매서운 이국생활을 견딜 수 있게 하는 것은 태양이 때문일 수도 있다.
　태양이 엄마가 당하는 고통은 단순한 이국땅에서 겪는 것들이 아니다. 돈 들여 사왔다고 생각하는 시댁 식구들의 멸시와 학대는 도를 넘어 폭력에까지 이르렀다. 아직 언어 소통이 불편하고, 문화의 차이에서 오는 실수를 그들은 이해해 주질 않으며 늘 나무랐다. 그것이 지나치면 폭력으로 그녀를 괴롭힌다.
　처음 그녀를 만난 것은 주변 분의 부탁으로 이루어졌다. 베트남에서 시집와서 어려움을 겪고 있는 사람이 있으니, 도와주었으면 좋겠다는 주문을 받고 별다른 생각 없이 바로 응낙하고 말았다. 밥도 제대로 먹지 못하고, 아이도 목욕시키지 못한다 하여 한 주일에 두 번씩 데려다가 목욕이나 시키고 밥을 먹여 주는 것이 고작이었다. 구체적으로 어떻게 도와주고 무엇을 해 주어야 하는지도 모르면서 나는 그냥 그녀를 맡게 되었다. 시작은 가볍게 받아들였지만 한 가정을 제 위치로 세워놓기에는 그리 쉽지 않았다.

의외로 시댁 식구들 밑에서 겪는 어려움이 많았다. 시댁에서 꺼내야겠다는 판단으로 시어머니와 밀고 당기고 으르고 달래가며 분가를 종용했다. 이제는 독립시켜 놓고 나니, 매사를 챙겨줘야 한다. 집안에 식량이 있는지, 살림도구는 무엇이 있는지, 침구는 괜찮은지, 심지어는 창문의 잠금장치는 온전한지, 사소한 것까지 챙겨야 한다.

하지만 분가하기 싫다고 울어대던 남편도 태양이 모녀도 이제는 얼굴이 밝다. 우선 생활비가 모자라 쩔쩔 맬지라도 어떻게 살 것인가를 걱정하고 미래의 꿈을 꾸는 모습이 보기에도 좋다. 이제 겨우 스물셋의 태양이 엄마는 자신보다 스무 살이나 많은 남편을 챙기고, 팔 개월 된 딸아이를 어찌 키울까 걱정한다. 앞으로 이 험난한 길을 슬기롭게 헤쳐 나가는 것을 가르쳐야 하는 것도 나의 몫이다.

대부大夫 피리被離, 백비를 돕는 이유를 묻다.

초나라에서 망명하여 온 백비를 정성껏 돕는 오자서에게 대부 피리는 돕는 이유를 묻는다. 조금은 지나치게 돕는 것에 대한 염려이고 시기였으리라.

전에부터 이웃에 사는 할매가 한 분 있다. 연세가 아흔을 바라보시는 분인데 혼자 살고 있다. 하지만 연세에 비해 건강이 좋으셔서 아직도 밭일을 하며 당신의 삶을 꾸려가는 분이시다. 적적하여 우리 집에 매일 오신다. 오셔서 때가 되면 같이 식사도 하고, 농담도 하고 지낸다. 이 할매는 매일 우리 집에 오거나 먼발치에서라도 내 모습을 지켜보는 것을 낙으로 삼는 분이시다. 어쩌다 외출하고 늦게 오는 날엔 여지없이 할매의 추궁을 받는다. 어디에 갔었느냐. 무엇을 했느냐. 무얼 샀느냐. 하는 모습이 영락없는 돌아가신 내 시어머님이시다. 그런 할매가 싫지 않다. 아직도 내 곁에 시어머님이 계시다는 생각 때문이다.

이렇듯 이 할매를 좋아한 것은 너무도 내 시어머님과 닮았기 때문이다. 다섯 해 전에 돌아가신 시어머님은 아흔셋에 가셨지만 총명하시기가 이루 말할 수 없었다. 돌아가실 때까지 그 많은 손자들의 생일을 기억하고, 얼렁뚱땅 으르는 데는 내가 당해낼 재주가 없었다. 그렇게 총명하시니 내 남편을 낳았겠지 하고 모셨었다. 늘 여러 며느리 제쳐두고 나와 살겠다고 하셨는데……. 이제는 그 시어머님을 닮은 할매가 내 이웃에 와서 사신다. 주방에 들어서며 며느리 채근하듯 냉장고부터 열어보고, 새로운 것이 있으면 하나하나 따지고 묻고 한다. 어느 때는 어이가 없기도 하지만 재미있어 죽겠다.

태양이 엄마가 온 뒤로 이 할매의 싫은 소리가 잦다. 태양이 모녀를 챙기기라도 하면 질투심이 발동하여 트집을 잡는다. 해줘 봐야 소용없다. 뭣 하러 상전처럼 데려오고 데려다 주느냐. 참 할일도 없다. 할매의 질투는 끝이 없다. 자주 속을 뒤집어 놓는다. 그런 할매를 태양이 엄마는 웃음으로 받아 넘긴다. 한번쯤 기분 상할 만도 한데 빙긋이 웃고 만다. 어쩌다 할매가 보이지 않으면 더 궁금하여 난리다. 태양이 엄마의 심성이 기특하다.

오늘도 할매의 질투는 그치지 않는다. 어버이날이라서 꽃 한 송이 가슴에 달아드리고, 준비한 옷을 입혀보는데 때를 놓치지 않고 한마디 한다.

"그래, 어버이날은 챙기든?"

"예." 시원한 대답으로 할매의 심사를 모르는 척한다.

동병상련同病相憐

무엇 때문에 그리 백비를 돌보느냐고 묻는 대부 피리의 주문에 오자서는 당시 불리어지던 노래가사를 인용해 대답한다.

"같은 병은 서로 불쌍히 여기고, 같은 근심은 서로 구원한다同病相憐."

오자서는 그래도 다행이다. 그 당시 노래가사에 그 같은 마음을 실어 담을 수 있는 것이 있었으니……. 나는 무엇으로 답할까. 궁금해 죽겠다고 끝까지 물어오는 할매에게 무엇이라 답할까. 할매가 백비의 참언으로 분사焚死한 오자서의 최후라도 아는 걸까. 바보 같다며 잔소리를 하는 할매에게 무엇이라 답할까. 아무 대답은 못해도 그런 할매가 있고, 태양이네가 있어서 오늘도 웃고 산다.

〈『수필과비평』 2009년 7/8월호.〉

다시 태어나면

 지인이 내 집을 방문했다. 수심 그득한 얼굴이 분명 좋지 않은 일이 있음을 짐작케 한다. 주제가 없는 일상의 안부만 서로 묻고는 대화가 단절되었다. 잠깐의 침묵이 흐르는 동안 나는 많은 생각을 추리해 나갔다. 자녀 문제 아니면, 남편과의 갈등일 거라는 단정을 하며 수많은 상상력을 해 보았다. 차분히 앉아 있지 못하고 분주히 뛰어다니는 날 물끄러미 보며 마침내 그녀가 입을 열었다.

 "참, 바쁘시네요. 바쁘신 분이라는 것은 알았지만……. 이렇게 바쁘시니 절 이해하기는 좀 힘들 것 같아요."

 나는 손님을 앉혀 놓고 지금 무엇을 하고 있었던 것일까. 미안함에 씩 웃어보이고는 차분히 마주앉았다.

 "늘 그 날이 그 날이듯 하루가 의미 없어서요."

그 소리에 난 뽕망치로 한방 얻어맞은 듯 어지러웠다. 그녀의 말에 난 우울증이란 단어를 떠올렸다. 갑자기 가슴이 저리다. 하늘이 파랗고 맑아도 슬프고, 땅의 기운을 받아 아름답게 핀 꽃을 보아도 슬펐다. 누우면 목이 조여 오고, 가슴이 막혀 숨을 쉴 수도, 밥을 먹을 수도 잠을 잘 수도 없었다. 여러 날을 슬픔으로 괴로워했었다. 아직도 언저리에서 약해지는 내 마음을 호시탐탐 노리고 있다. 그러면 혼자서 주문을 외우듯 중얼중얼 기도를 하곤 한다. 가끔은 눈물도 훔치고 헛웃음도 웃는다. 이 흉악범은 시간과 때를 망각하고 수시로 접근해 괴롭힌다. 바쁘다고 안 오고, 한가하다고 오는 것도 아니다. 어느 것에 충격을 받았거나 혼자라는 허탈감이 들 때면 슬며시 찾아와 마음을 흔들어 놓는다.

지금 그녀는 많이 힘들다고 했다. 남편이 외국에 나가 돈 벌어 온 것을 고스란히 떼었다고 했다. 그 일 후로 누구와의 만남도 싫고 방안에서만 살았단다. 하루 종일 누워 왜 나에게 이런 일이 일어나는 것인가, 원망과 미움으로 많은 날을 보냈다고 했다. 왜 하고 반문하면 대답해 줄 답이 없다. 꽁꽁 숨겨진 마음의 상처가 있음이니 그 치유는 자신과의 싸움이다. 손을 내밀면 잡아주고 잡아준 손을 붙잡고 일어서는 것은 본인의 의지다. 많은 대중의 찬사를 받으면서도 늘 고독하고 외로워하며 허탈감에 세상을 등지는 연예인들도 있다. 이 우울증이라는 것에 사로잡혀 끝내는 이겨

내지 못한 까닭이다.

"이 노래는 저의 아빠가 즐겨 부르시던 '아빠의 청춘'이란 노래입니다. 잘은 못하지만 열심히 배워 아빠한테 들려드리고 싶어서 '노래 교실'을 찾아 왔습니다."

저마다 자기소개를 하는 장면이다. 친정아버지를 모시고 사는 모양이다. 그래도 아빠를 즐겁게 해 드리고자 온 그녀가 대견하고 예쁘다.

"이 세상에 부모 마음 다 같은 마음. 아들딸이 잘 되라고 행복하라고 마음으로 빌어 주는 박영감인데~"

아직 40도 안 되어 보이는 젊은 아기 엄마. 자신의 어머니 아버지뻘 되는 노인들 틈에 귀염둥이다. '노래교실'엔 70은 족히 넘은 할매와 할배가 많다. 세상의 거친 풍파를 다 겪고 이젠 자신만을 돌보며 살고 싶다 한다.

"젊어서 한 가닥 했지." 하고 너털웃음을 보이는 원장님에서부터 내놓으라는 직장을 다녔다는 노인들, 오로지 집밖에 모르던 할멈까지 다양하다. 수준 높은 클래식 음악이 아닌 대중음악을 그것도 트로트다. 선생님부터 화려한 연예인이다. 화려한 의상만큼이나 입담 또한 걸쭉하다. 노인들을 들어다 놓았다 여간 재간둥이가 아니다. 내가 갖고 있는 취향과는 멀어 한동안 멋쩍고 내키지 않았다. 하지만 내 필요한 시간을 충족시켜 줄 것은 그래도 그 것밖에는 없어 다닌 것이 이젠 일 년이 다 되어간다. 한바탕 웃고 어린아이처럼 손뼉도 치고 춤도 추다 보면 시간은 금방 지나간다. 인생 별거더냐 끙끙거리며 가슴에 담아두고 이 세상 혼자 다 짊어지고 갈 것 같아도 다 부질없다는 선배님의 말이 고개를 끄덕이게 한다.

난 노래교실 선배님들의 인생철학을 지인에게 들려주었다. 나이 들어도 손자에게 배운다고 하지 않던가. 부족한 나지만 찾아온 그녀에게 할 수 있는 모든 것을 동원해 들려주고 싶었다. 나의 마음이 그녀에게 전달되길 바라며 손을 꼭 잡아본다. 웃음으로 드러난 이가 눈이 시리도록 희다.

"저 다시 태어나면 진짜로 멋지게 살고 싶어요."

그녀가 그런 말을 남기고 갔다. 그리고 꽁꽁 숨어 겨울잠을 자는지 연락이 되질 않는다. 지난 주 옆자리 형님이 하던 말이 생각난다.

"내 나이 10년만 젊었으면 얼마나 좋을까. 멋지게 살아볼건디."

형님은 10년이라는 숫자에 매달려 아쉬워하지만 다른 언니는 다시 태어나고 싶단다. 타인이 생각하는 나는 내가 아닐 때가 있다. 그들은 겉으로 보이는 것으로 말하는 것이고, 내면의 날 잘 알지 못하기 때문이다. 가끔은 나 자신에 매달려 고민할 때가 있다. 난 무엇이며 무엇을 위하여 살고 있는지. 10년 전의 내 모습. 난 되돌아가고 싶지는 않다. 다시 태어남도 바라고 싶지 않다. 지난 것에 대한 미련보다 앞으로 올 날에 대한 자그맣더라도 부끄러운 발자국이 되지 않길 오늘도 기도하련다.

〈『한국문인』 2018년 1/2월호.〉

과유불급

"할매, 우리 밭에 약 쳤어요?"
"밥 믁었냐고?"
내 묻는 말에 할매는 동문서답이다.
"아니 열무밭에 약 뿌렸느냐고?"
오늘 따라 더욱 말을 못 알아듣는다. 이럴 땐 싸움이라도 하듯 큰 소리로 고함쳐야 한다. 자그마한 소리로는 불통이다. 성급하게 다그쳐 물어서도 안 된다. 한 박자 쉬고 천천히 큰소리로 이야기해야 한다. 속 모르는 사람들은 싸우는 것으로 오해하기 십상이다.

요즘 들어 할매의 기력이 눈에 띄게 쇠잔해 보인다. 앉아서도 서서도 힘이 든다며 죽음에 대한 두려움을 곧잘 입에 담는다. 그러면서도 다음 해에 지을 농사 걱정까지 하시는 것을 보면 대단하다.

할매의 하루 일과 중 빠지지 않고 가는 곳이 있다. 우리 텃밭이다. 한 바퀴 순찰을 마치시고는 참견이시다. '심어라', '뽑아라.' 일러 준다. 며칠 전부터 열무에 벌레가 많다고 하시더니 일을 내고 말았다. 조그맣게 올라 온 열무 이파리가 눈이 내린 듯 하얗다. 벌레들이 낀 것을 보신 거다. 하얗게 농약가루를 쳐 놓은 것은 할매의 처방이 분명하다.

일기가 불순하다. 고르지 못한 날씨다. 껑충껑충 뛰어 다니는 날씨는 봄을 제치고 여름과 겨울로 줄다리기다. 그러나 시간은 간다. 피어야 할 것은 피고, 져야 할 것은 진다. 튼실하게 자라지는 못 했어도 나이 먹은 티가 난다. 자그마한 몸인데도 번식을 꿈꾼다. 조금만 더 자라면, 조금만 더 자라면 하는 사이에 종대가 올라왔다. 크기를 바라는 나의 마음보다 더 조급함이 보였다. 그 꼴이 김치 담그기엔 부적합하여 망설여진다.

할매가 쳐놓은 농약을 물로 씻어 내리고 이틀이 지났다. 그러나 김치를 담글 용기가 나질 않았다. 벌레들이 먹어 온통 구멍 뚫린 열무를 무심코 바라만 보고 있다. 이상기후 속의 추위를 이겨내고 애늙은이가 된 열무는 내가 망설이는 틈을 타서 종대 위에 꽃까지 물었다.

매년 이른 봄에 묵은지를 놓고도 남들보다 일찍 열무김치를 담갔다. 우리가 먹기 위한 것이 아니라 시어머님께 드리기 위해서였다. 열무김치는 어머님이 돌아가신 후에도 습관처럼 담갔다. 몇 해 전까지 우린 한 끼에 열무김치를 한 사발씩은 거뜬히 비웠었다. 시장에서 사다 담가 먹는 것이 아니고, 우리의 손으로 직접 파종하고 키워서 먹는 것은 행복이라며 열심히 심고 먹었다.

이번에도 남편은 서둘러 열무 씨를 뿌렸다. 아직 이르지 않느냐는 나의 반문에도 아랑곳하지 않았다. 하지만 올해는 이상기후였다. 추위가 변덕스럽게 들락거렸다. 뿌려 놓은 씨앗이 걱정스러운지 땅속을 헤집어 본다. 그들도 추위 속에서도 살아남는 법을 터득한 것일까. 자그맣게 싹을 틔운 채 조용히 따스한 날을 기다리고 있었다. 그리고 며칠 후 뾰족이 얼굴을 내밀었다. 그들이 올라오기를 우리만큼 기다린 것이 또 있었다. 벌레였다. 새싹이 올라오자 달려들어 이파리에 구멍을 내었다. 작은 잎사귀에는 온통 구멍이다.

참으로 빠르다. 마치 겨울이 지나가길 기다리며 준비한 행동 같다. 얼마나 기다렸으면 저리도 급할까. 벌레들의 행동이 이해는 가지만 용서는 안 된다. 어찌 하면 좋을지 궁리하는 사이 날쌘 할매가 단칼에 그들을 제압해 버린 것이다.

"할매, 우리 열무에 약 뿌렸지요?"

여러 차례 질문 끝에 겨우 알아차린 듯하다.

"응야, 내가 약 뿌렸다. 우리 것 뿌리고 니 것은 좀만 뿌렸지."

"아이구, 어쩌면 좋아. 약 안 하고 먹으려고 농사를 짓는 건데……."

뽑아버릴 수도 없고, 남편과 상의하여 목욕을 시키기로 했다. 흠씬 물을 뿌렸다. 약기운이 닦이길 바라며 여러 차례 씻어냈다.

다음 날 아침, 밭으로 나간 우리 부부는 아연해했다. 어제 그리 물로 씻어냈는데, 흙속에 있던 지렁이가 위로 기어올라와 모두 죽어 있었다. 지렁이가 많아 흙이 살아났다고 좋아했는데, 단 한 번에 그들을 몰살시킨 것이다. 저리도 독한 농약을 우리는 채소에 뿌리고, 그것으로 성장한 채소를 먹고 있었다니 끔찍하다.

할매는 비료나 약을 즐겨 사용한다. 아니 예전 어르신들은 그랬었다. 몸에 얼마나 해가 가는지는 전혀 생각하지 않는다. 농약사에서 사는 모든 것들이 전부 좋은 것으로만 안다. 기운이 없어 빌빌대면 특효약이 비료이고, 벌레가 달려들면 농약으로 다 해결한다. 시기를 놓치지 않으려고 자주 뿌려준다. 땅이 살아야 농사를 잘 지을 수 있다는 것을 잊으신 것일까. 편리한 대로 농사법이 바뀌어 간다. 풀이 나지 않게 비닐을 씌우고, 풀이 난 곳엔 독한 제초제를 뿌려 죽인다. 땅이 약들로 몸살을 앓고 있다는 것을 모르니 걱정이다. 분명 과유불급이다.

형님은 한 움큼 약을 들고 주방으로 가신다. 작은동서가 뒤 따르며 조아린다. 뭔 일인지 물었다. 대여섯 종류는 족히 넘을 약이다. 이렇게 매일 먹는단다. 이젠 약이 없으면 아파서 못 견딘단다. 심하면 점점 더 양을 늘리고, 저러다 종내에는 어쩔 것인가.

친구네가 소똥을 한 트럭 갖고 왔다. 가깝지도 않은 곳에서 남의 것을 사 보내준 친구 남편이 고맙다. 아낌없이 듬뿍듬뿍 쏟아 부으며 남편이 웃는다.

"이젠 땅도 튼튼해질 거야. 그러면 우리도……."

마주보고 웃는다. 해가 따가운 눈총으로 쏘아본다.

〈『찬란한 내일을 위하여』 수필과비평 동인지 제11집. 2013.〉

3부

베란다를 치우면서
사랑의 탈
밥상 차리는 마음
겨울 스케치
거울 앞에서
아쉬움
지킬박사와 하이드씨
두 이야기
여다지 해변의 물은 보이는가

베란다를 치우면서

"제발 버릴 것은 버려요."

그이의 성화다. 비닐봉투, 빈 꽃바구니, 플라스틱 그릇이며 온갖 잡동사니가 앞뒤 베란다에 쌓였다. 누가 보아도 맘에 들지 않는다고 한마디 거들 만하다. 딱히 쓸데가 있어서 모아놓은 것은 아니다. 버리기엔 아깝고 언젠가 필요한 사람이 나오면 주고 싶어서다. 비닐봉투는 씻어 말려 놓았다가 노상에 앉아 야채 파는 노파에게 갖다 주고, 빈 꽃바구니는 꽃가게에 돌려주며, 플라스틱 그릇은 딸기나 양파·감자 등을 파는 이에게 갖다 준다. 바로 치우면 쓴소리 듣지 않으련만 미루다 꼭 한마디 들어야 치우게 된다. 그때그때 바로 줄 수 있으면 좋겠으나 쉽지가 않다.

요즘, 내실보다는 껍데기에 정성을 들이는 경우가 많다.

자그마한 물건도 상자에 넣어 예쁘게 포장한다. 그냥 덜렁 주는 것보다야 예쁘게 포장하는 것이 훨씬 좋기 때문이다. 포장그릇은 한번으로 그 기능이 끝나는 것이 아니므로 두었다가 다시 사용해도 된다. 그것을 한번 쓰고 버린다면 지나친 낭비란 생각을 지울 수가 없다. 언젠가 쓰일 일이 있으려니 하고 반듯하게 펼쳐 한 구석에 모아둔다. 시일이 지나면서 그 양이 많아 이리 굴리고 저리 굴리게 되고, 끝내는 휴지와 함께 밖으로 쫓겨나는 경우도 허다하다. 결국엔 그렇게 되고 마는 것을 모아 두었다가 주변만 더럽혔다고 매번 싫은 소릴 듣는다. 그래도 난 그 버릇을 고치지 못하고 항상 모아둔다.

오랜만에 딸아이가 학위를 끝내고 내려왔다. 짐을 내려놓기 무섭게 집안이 어수선하다며 나를 난처하게 한다. 버릴 것은 버리고 정리하자고 한다. 제 어미가 여기저기 모아 놓은 물건이 눈에 거슬리는 모양이다. 제 뒷바라지에 고생한 어미에게 고맙다는 말은 한마디 없이 집안이 어수선하다고 투정만 부린다. 실은 같이 사는 남편도 자주 눈에 거슬렸으니, 오랜만에 온 아이에겐 더 심하게 보였을 것이다. 앞 베란다를 열어도 창고, 뒤에 가 보아도 창고, 서재는 서재대로 안방은 안방대로 머리가 심란하다는 것이다.

그러나 아무리 보아도 내 눈에는 버릴 것이 없다. 안방, 서재, 베란다 어디를 가도 그만하면 괜찮다. 내 나름대로 정리하고 살고 있다. 조금 쌓여 있는 물건은 시간 내어 배달해 주면 그만이다. 그리고 줄 사람이 생각나지 않으면 좀 기다렸다가 임자가 나타나면 주면 되는 것이다. 아무리 둘러보아도 버릴 만한 것이 눈에 띄지 않는다. 다 필요한 것이다. 딸아이는 혀를 차며 난리지만 나는 웃음이 나올 뿐이다. 그러니 주변 정리를 못한다. 난 이제껏 내 손으로 버린 물건이 별로 없다. 또 쉽게 사들이지도 못한다. 산 물건이 활용도가 적으면 필요한 사람이 나타날 때까지 가지고 있다가 넘겨준다.

결국 딸아이도 사흘만 더 시간 여유가 있으면 제 손으로 싹 치우고 가겠다며 으름장을 놓고 떠나갔다. 딸아이가 떠나간 방을 치우면서 나는 빙긋이 웃는다. 그렇게 잘 치운다는 딸아이도 말은 그래도 나를 닮은 구석이 있는 것 같다. 여기 저기 널려 있는 아이의 흔적을 지우면서 나는 씩 웃는다. 네가 사는 방법이 있고, 내가 사는 방법이 있어. 너는 그래도 네 세대에 맞게 살렴.

교장으로 정년하고 이곳 바닷가에 정착하신 노(老) 선생님 댁을 방문한 적이 있다. 그 분은 늘 허름한 남방에 구멍 난 밀짚모자와 헐렁한 바지 차림이다. 누가 보아도 '있어' 보이지 않는다. 그런 분이 부산에 상가며, 땅, 집이 여러 채라고 옆집 사는 노파가 귀띔을 한다. 텃밭 일구는 재미로 사신다더니, 어느 날 호되게 앓고 나서 항구 옆에 아파트를 마련했다며 초청하여 찾아갔다. 현관에 들어서려니 선풍기와 세탁기가 거실 중앙을 차지하고 있다. 의아해 하는 내 속내를 눈치챘는지, 하나하나 짚어주며 설명이다. 모두 버린 것을 주워 온 것이란다. 새것은 아니어도 깨끗이 닦아놓은 것이 일년도 안된 물건처럼 보였다. 집안에 있는 물건 모두가 주워 온 거라니 믿어지지가 않았다. 고장 나서 버린 것이 아니고 구식이고 싫증나서 버린 것 같다며 횡재했노라 신명이 나서 설명한다.

언제부터인가 우리는 소유에 대한 생각이 바뀌었다. 쉽게 소유하고 쉽게 버리는 것이 일상화된 것은 아닐까. 갖고 싶으면 깊이 생각하지 않고 갖고, 버리고 싶으면 곱씹어보지 않고 버리는 것이 습관화된 듯하다. 이러한 습성은 비단 물건에만 한정하지 않는다. 사람과 사람 사이에도 비일비재하다. 전 세계에서 이혼율이 가장 높은 이 나라에서 살면서 무엇을 탓하랴. 가장 가까워야 할 부부 사이도 쉽게 만나고 헤어지는데, 다른 사람과의 관계를 이야기한들 무엇하랴. 그래도 나쁜 것은 버리고 아름다운 것은 닮아 갔으면 좋겠다. 남이 내다버린 물건을 주워와 떳떳하게 사용하는 그 분들을 보며 괜스레 부끄럼을 느낀다. 그 분의 생활이 검소함을 보여줌이 아님을 가슴에 담아왔다.

집에 돌아와 생각에 젖는다. 내가 버리지 못하는 것은 어떤 연유일까. 이 모든 나의 행위는 알뜰함에서 빚어진 것일까. 한편은 그럴 수도 있고, 또 한편으로는 결정을 제때에 내리지 못하는 우유부단함 때문일 것이다. 나는 지금껏 살아오면서 사람 관계도 이와 같다고 생각한다. 아니다 싶으면 과감히 말을 해야 하는데 그러하질 못한다. 옳고 그릇됨을 분명히 밝혀야 하는데 그것도 못한다. 그것이 집안과 가족간에는 우애로 변해 문제가 되지 않았지만 밖에서는 달랐다. 내용은 확인도 안하고 포장만을 논했다. 누군가 진실을 가리기 위해 끊임없이 뛰어다녀도, 난 진실은 마음에 있다고 믿기에 참았다.

이제 조금은 딸아이의 권고를 받아들일 때가 된 듯하다. 너무 현실에서 먼 삶을 살고 있고, 그래서 내가 언제든지 남에게 피해를 보고, 혼자 괴로워하는 삶이었다. 조금은 세상의 흐름을 눈여겨보는 노력도 해야 할 듯하다.

이제는 쓸모없는 물건을 하나하나 골라내어 버려야겠다. 베란다를 열고 쌓여 있는 물건을 추스르는데 아파트 앞에 있는 기와집 마당에 한 노파가 눈에 들어온다. 빨랫줄에 검정 비닐을 빨아 널고 있다. 물이 뚝뚝 떨어지는 검정 비닐을 한 장씩 한 장씩 흔들어 널고 있다. 노파의 모습이 참 좋게만 느껴진다.

〈『수필과비평』. 2004. 5/6.〉

사랑의 탈

 요즈음, 난 자주 문 여사를 떠올린다. 넉넉한 몸매만큼 넓은 마음과 털털한 차림새가 먼저 기억난다. 30년도 지난 지금 다시 그녀를 떠올리는 것은 한창 물이 오른 드라마 덕분이다. 그녀와 어울린 것은 딸아이가 초등학교에 입학하기 전이었다. 아이들이 유치원을 같이 다니게 되어 우리는 만났다. 그때만 해도 누구 엄마 정도로 서로를 알았지 각별하지는 않았었다. 특별한 계기가 있었던 것은 아니고 만남은 자연스럽게 이루어졌다.

 비가 오는 어느 날, 그녀가 넌지시 내 마음을 떠보는 말을 했다. 혹시 남자 친구 없느냐는 뜬금없는 질문이었다. 상상을 뛰어 넘는 아찔함으로 갑자기 호흡이 멈췄다.

 "웬 남자?"

"아니, 그냥."

당혹해하는 내 모습에 머뭇거리더니 그날은 별다른 이야기 없이 헤어졌다.

한창 물오른 불륜의 드라마를 본다. '유치하네. 저속하네.' 하면서도 궁금증에 텔레비전 앞에 앉는다. 주인공들의 호흡과 감정이 내 몸 안으로 전율되어 다가오는 것을 느꼈다. 감정을 다스리는 행동. 절제하려는 순간들. 그러면서도 그들의 행위는 점점 멈추지 않고 달렸다. 브레이크가 고장 난 듯이. 여주인공은 지적이며 미모와 교양까지 갖춘 인텔리다. 그냥 놓고 보면 전혀 어울릴 것 같지 않은 두 사람이 자석에 끌리듯 끌려간다. 사랑에는 경계선이 없다지만 나이 어린 남자와 나이 많은 여자의 사랑을 내 상식으론 용납이 되지 않는다. 한 남자의 아내로서 지켜야 할 도리를 저버리는 행위를 어떻게 보아야 하나. 시대가 변하고 세상이 바뀌어도 살아 있는 남편을 두고 불륜을 저지르는 행동을 좋게 보아줄 수 없다며 중얼거렸다.

그러나 지금 이 드라마의 이야기가 많은 사람들의 마음을 흔들어 놓고 있으며 수많은 말들을 만들고 있다. 극중 남편은 아내에 대한 불안감으로 전전긍긍한다. 다 알고 있다고 실토라도 하면 깨질 것 같아 망설인다. 남편은 무엇을 위해 망설이나? 자신의 명예, 아니면 사랑. 후자는 아닌 것 같다. 그들의 사랑은 평행선이었다. 좁혀지지도 멀어지지도 않는 미지근한 생활. 그런 그녀에게 마음의 불이 지펴진 것이다. 그것이 자신을 깊은 수렁으로 내몰지라도 빠지고 싶은 거다. 난 들킬 것 같은 긴박감에 손에서 땀이 났다. 제발 더 이상은 넘어가지 말아 주길 기대하지만, 작가는 내 생각을 훌쩍 뛰어넘어 갔다. 번번이 내가 쓰고 있는 드라마의 시나리오는 미약했다.

신은 인간에게 많은 것을 주셨다. 동물보다 뛰어난 두뇌를 주어 만물을 다스릴 수 있는 능력을 주셨으니 이보다 더 큰 행운이 또 어디 있으랴. 그러나 인간은 끊임없이 갈구하고 또 성취하려고 노력한다. 그것이 좋은 것이든 나쁜 것이든. 그리고 더 자극적이고 폭발적인 것을 추구한다.

이 시간에도 사랑이라는 아름다운 말에 음흉스러운 포장으로 얼마나 많은 이들이 아파하고 다치고 죽어 갈까. 시작은 아름다웠으나 끝은 고통이었으리라. 만나서 즐거움보다 헤어짐의 아픔이 크다는 것을 그들도 안다. 이루어질 수 없는 사랑은 더 애절하고 절박함도 알고 있다.

일주일째 소식이 없던 문 여사가 여드레 만에 나타났다. 핼쑥한 얼굴에 퉁퉁 부은 눈으로 내 앞에 나타났다. 그리고는 며칠간의 이야기를 풀어냈다. 문 여사의 남편은 법을 다루는 사람이다. 그녀의 털털한 모습을 좋아하지 않았다. 화장한 얼굴에 섹시한 몸매를 좋아했다. 아내에게 찾지 못하는 부분을 밖으로 찾아다녔다. 집에 들어오면 말도 억세고 거칠었다. 남편의 그런 모습을 묵묵히 참아내다가는 가끔은 불만을 토해 놓기도 했다. 자신은 다정다감한 사람을 좋아한다고 했다.

문 여사, 학창시절 자신을 따라다녔던 사람에게서 연락이 왔다. 그때는 별 볼일 없어 보였던 그가 점잖은 대학교수가 되어 나타났다. 새삼스레 젊은 사람들이나 할 법한 사랑에 빠졌다. 그녀가 절절히 펼쳐 놓은 이야기를 나로서는 이해할 수가 없었다. 눈길을 하염없이 걸었으며, 매일매일 눈을 뜨고 감을 때마다 서로를 꼭 생각하자는 약속도 했다고 했다. 그 말에 나의 반응의 촉이 그녀를 향해 쏘아댔다. 예상치 못한 나의 행동에 그녀는 입을 닫았다. 그 후 그녀는 나와 거리를 두고 지내다 어디론가 이사 갔다.

그녀의 사랑에 토를 달고 싶지는 않다. 그 빛깔이 아름답고 찬란한 색을 띠고 있다고 말하고 싶지도 않다. 여성들의 가슴에 들끓고 있는 드라마로 인하여 사랑이라는 아름다운 말이 퇴폐적으로 인식되어 머리에 각인될 것 같아 기분이 상한다. 사랑은 식었다가도 다시 뜨거워질 수 있으며, 죽어가는 사람도 살릴 수 있을 만큼 위력을 갖고 있다. 사랑의 모습과 방식은 각기 다르고, 취향 또한 다르다. 하지만 아름다운 사랑은 보고 듣는 것만으로도 행복하다.

문 여사는 지금 어디에서 어떻게 지내고 있을까. 환갑은 진즉에 넘겼을 터이니 얼굴엔 주름살도 생겼겠지. 허연 머리에 검정 칠은 했는지, 헐렁한 바지는 얼마나 좁아졌는지. 그녀의 사랑도 설렘과 그리움뿐이었을 테니 지나간 후엔 아름다울 터이다. 지금 그녀를 만나면 슬쩍 운을 띄워보고 싶다. 요즈음 한참 물오른 드라마보다 더 애틋한 감정이 흘러나오길 기대하면서.

"문 여사, 그때 그 사랑이 가슴에 아름다운 추억이 되었겠지."

〈『대한문학』 2014년 여름호.〉

밥상 차리는 마음

 당신의 문학관은 무엇인가.

 누군가 이렇게 질문해 온다면 나는 무어라 할 말이 없다. 글을 쓴다는 것이 나에게 있어서 대단한 어떤 무엇이 있는 것도 아니고, 그냥 내 생활 속에서 주어지는 소재를 가지고 내 생각을 적어나가기 때문이다. 질문하는 사람은 커다란 기대를 하고 묻겠지만, 그 기대치를 만족시킬 만큼 문학관도 없고, 솔직히 말하면 내로라할 만한 작품 하나 변변한 것이 내게는 없다.

 원고청탁서를 받고 한동안 고민에 빠졌다. 자신의 문학관을 쓰기엔 나는 아직 왜소하다는 생각이다. 많은 사람들이 제각기 자기만의 작품 세계를 이야기한다. 그럴 때 난 슬며시 자리를 피하고 싶다. 목소리가 큰 사람 앞에 서면 난 작아진다. 그만큼 부족하다. 아무리 신경을 써도 상큼한 글이 써지질 않는다.

글을 쓸 때나 쓰고 나서나 나는 늘 밥 짓는 여인을 생각한다. 내게 있어서 글쓰기는 밥을 짓고 상을 차리는 것과 같다. 지금은 전기밥솥이 생겨 물의 양을 그려 놓았지만, 급하고 귀찮을 때 말고는 냄비에 밥을 지어먹는다. 그러려면 쌀의 건조 상태를 알아야 하고 물의 양과 불을 조절해 타지 않도록 해야 한다. 잠깐 한눈을 팔면 넘쳐 버리거나 타 버린다. 그리고 뜸이 들도록 기다려야 한다. 어쩌면 이 뜸들이기가 힘이 드는 일인지도 모르겠다. 인내가 필요하기 때문이다.

글도 마찬가지다. 찾아낸 소재의 의미를 정확히 읽어야 하고, 그것에 맞는 구상이 필요하다. 다른 생각하지 말고 골똘히 파고들어 그 소재가 내게 들려주는 음성을 들어야 한다. 말의 의미를 찾아내기까지는 인내하며 참아내야 한다. 소재의 말을 듣기도 전에 글쓰기에 들어가면 글은 반드시 삼층밥이 되고 만다. 전기밥솥처럼 누구나 쓸 수 있는 글이 아닌 나만의 색으로 나만의 소리를 내기란 쉽지 않다. 그러기 위해서는 피나는 노력과 끊임없는 습작이 있어야 한다. 언제 어디서나 늘 읽고, 쓰고, 생각하며, 다듬고, 갈고, 닦아야 한다. 좁은 밥상에 꽉 차도록 놓는다고 잘 차린 상은 아니다. 맛있는 반찬 몇 가지만 깔끔하게 차린 상이 부담도 없고, 어느 것을 먹을 것인가 갈등하지 않아서 좋다.

수필은 어느 장르보다 자신의 삶을 이야기한다. 모든 희로애락이 담겨 있으며 과거와 현재, 그리고 미래까지도 엿볼 수 있다. 수필은 자신의 성찰이며 깨달음이다. 한 알 한 알의 밥알이 밥솥 안에서 윤기를 발하며 먹어줄 사람을 기다리듯이, 작품 속에서는 하나하나의 낱말들이 나름대로의 빛을 가지고 모아져 의미를 부여하고 독자들의 가슴으로 파고들어 커다란 느낌이 형성되기를 소망한다.

중학교 때다. 신문에서 수기 모집공고를 보고 겁없이 내 살아온 길을 쓰기로 마음먹었다. 그때 내 가슴엔 금방이라도 터져 버릴 것 같은 생활고와 겹친 사춘기가 있었다. 어디에든 쏟아내고 싶었다. 그 길이 바로 이것이란 생각으로 주저 없이 원고지 150매를 썼다. 등잔 불 아래 며칠 동안을 원고지와 씨름했다. 써 놓은 것보다 내버려진 것들이 더 많이 쌓였다. 제목도 중학생답지 않게 '내 인생 내 지게에 지고'였던 것으로 기억한다. 어린아이 같지 않은 제목을 걸고 어떻게 백 매가 넘게 채웠는지 모른다. 가물가물 떠올려 보면 원고 뭉치를 가슴에 안고 우체국 앞을 서성이며 갈등했던 기억만 생생하다. 그 후 한동안 생각나는 글들을 노트에 적기도 하고 남의 시를 베껴 쓰며 읊조리기도 했다.

나의 글쓰기는 사실 이렇게 시작되었다. 아무것도 모르고 겁없이 내 삶을 풀어내고 싶은 생각에서 비롯되었다. 그

마음을 지우지 못해 남편과 떨어져 있는 동안 방송에 글을 써 보내던 것이 내겐 글쓰기의 징검다리였고, 나중에 정식으로 평생교육원에서 글쓰기 과정을 익히면서 겁없던 시절의 부끄러움을 깨닫게 되었다.

이젠 철없이 남의 글을 좋아라, 할 때도 아니고, 눈치 없이 이곳저곳 기웃거리며 마구잡이로 남발해서 글을 보내는 시기도 지났다. 이제는 나만의 이야기를 해 가면서 그 속에서 내 특유의 냄새와 향기를 간직하는 일에 열중해야 한다. 주위의 시선에 내 마음을 드러내 보이고 싶었던 사춘기의 욕심도 버리고, 나를 바라보는 독자들의 깊은 눈을 의식해야 한다.

내 가족의 건강과 내 자신의 안정을 위해 밥상을 차리듯 나에게 있어서 글쓰기는 오로지 나 자신을 위한 끝없는 몸부림이다. 남을 대접하기 위한 밥상이 아니라 나 자신을 위한 조촐한 밥상을 나는 차려야 한다. 비록 궁핍한 생활이라도 내가 좋아하는 것들로 차릴 것이다. 남에게 보이기 위한 성찬보다는 몇 가지 되지 않는 반찬이라도 내 정성과 내 혼이 들어가는 그런 상을 차리고 싶다. 이렇게 나만의 독특한 밥상을 차리려면 나의 정신과 열과 혼을 합한 삶을 양념으로 만들어내는 나만의 요리법이 있어야 한다. 그리고 나만의 손맛을 간직하기 위해 끊임없이 노력해야 한다. 내가 붓을 꺾는 날까지. 〈『문학공간』. 2005. 2월호.〉

겨울 스케치

올해는 눈이 많이 내렸다. 주말마다 내린다. 할 일이 많은데 나의 발목을 잡고 있다. 반가움보다 마음이 조급하다. 날씨가 포근해야 녹을 텐데 한파가 몰려와 꽁꽁 얼어버렸다. 폭설에다 추위가 기승을 부리니 며칠을 집 지키는 강아지 신세다.

앞을 볼 수 없도록 쏟아지는 눈이 세상을 하얗게 만들어 버렸다. 아파트 베란다에서 내려다보는 풍경이 우습다. 머리에 눈을 이고 걸어가는 사람들이 눈사람 같고, 앞 유리만 닦고 어설피 기어가는 승용차는 영락없이 낮에 나온 올빼미다. 눈은 방향 없이 휘날린다. 눈처럼 심란한 마음을 다스리며 서재로 간다. 사진첩을 뒤적이다 그곳에서 어린 날, 내가 그린 겨울 그림 한 장을 발견했다. 눈사람이 숯과 솔가지로 분장을 하고 도화지 안에서 웃고 있다. 그 옆에서 아이들이 뛰어 논다. 시골집 뒷마당을 뛰어다니며 목청껏 부르던 노래가 생각난다.

 펄펄 눈이 옵니다. 하늘에서 눈이 옵니다. 하늘나라 선녀님들이 하얀 가루 꽃가루를 자꾸자꾸 뿌려 줍니다. 자꾸자꾸 뿌려 줍니다.

 선녀가 뿌려 준다던 눈. 그 눈은 세상을 맑고 깨끗하게 해 준다고 생각했다. 눈이 내린 마당에서 발자국으로 꽃을 그렸다. 여러 개의 꽃을 그리고, 방으로 들어와 그림이 궁금하여 창호지 문에 구멍을 뚫고 내다본다. 꽃 모양은 눈에 들어오지 않고 움푹움푹 패인 것만 보인다. 혹시 누가 밟지나 않을까 조바심이 났다. 발걸음소리만 들려도 문구멍으로 얼굴을 들이밀다 못해 밖으로 다시 나왔다. 눈은 장독에도 쌓이고 헛간 지붕 위에도 쌓인다. 한걸음에 내달아 장독대에 쌓인 눈을 한 움큼 입 안에 넣는다. 단맛도 신맛도 없이 이만 시리다.
 할 일을 못하고 아파트 베란다에 서서 무심히 눈을 바라본다. 잡힐 것 같은 얼굴이 스쳐 지나간다. 할머니의 모습이다. 나는 나이가 들어가면서 할머니를 자주 떠올린다. 아니, 글쓰기를 시작하면서 가슴 깊이 감추어진 보물을 꺼내어 놓듯 그분을 그리워하고 보고 싶어 한다. 연회색 치마저고리에 앞치마를 두르고 부엌과 헛간을 들랑거리시던 모습. 눈이 오는 날이면 할머니는 마음까지 더 바쁘셨다. 땔감 걱정 때문이다. 벼농사를 짓지 않던 우리는 산에서 나무를 해 와야 했다. 눈에 젖은 나무는 할머니를 어렵게 했다.

그래도 나는 겨울이 좋았다. 신바람이 났다. 크리스마스가 있어서다. 크리스마스가 되면 교회에서 여러 가지 행사를 했다. 연극도 하고, 평상시 먹어 보지 못한 갖가지 과자와 사탕도 먹을 수 있었다. 할머니는 크리스마스 날을 위해 과자를 사다 놓으셨다. 과자래야 쌀로 만든 강정이 고작이다. 누런 종이에 싼 과자를 노끈으로 묶어 벽에 달아 놓는다. 크리스마스이브가 다 지나도록 등불은 대문 앞을 밝히며 천사가 오기를 기다린다. 천사를 대신하여 교회의 성가대원들이 집 앞에 와서 성탄 축하 노래를 불러 준다. 노래가 끝나면 할머니는 으레 선물 꾸러미와 과자를 들고 나가셨다. 그리고 서로에게 축복을 빌어 준다. 그런 크리스마스가 나는 좋았다.

또 겨울에는 썰매타기가 재미있었다. 친구의 썰매를 얻어 타기 위해 끌어도 주고 밀어도 주길 수차례 해야 한번 얻어 탔다. 하루 종일 얼음 위에서 놀다보면 손과 발이 꽁꽁 얼어 펴지질 않았다. 젖어 있는 발가락은 추위에 오그라들고, 엉덩이는 얼얼하다. 이대로 집으로 가면 꾸중들을 것이 뻔하다. 같이 놀던 아이들이 나무를 주워와 불을 지핀다. 축축하게 젖은 나뭇가지는 불이 붙질 않고 연기만 난다. 물기가 마른 가지에서부터 불이 붙는다. 불은 살아 움직이듯 소리를 내며 일어선다. 얼굴이 불로 인해 뜨겁다. 머리카락 타는 냄새도 났다. 모두들 머리카락 그을린 아이를 보며 웃는다. 와들와들 떠는 모습을 서로 손가락질하며 웃었다. 영락없는 거지 꼴이다. 어기적어기적 걷는 모양이 오줌 싼 아이 걸음걸이다.

할머니는 선머슴애처럼 노는 것을 무척 싫어하셨다. 아침에 빗어준 머리와 옷매무새가 흐트러지거나 단정치 않으면 큰 소리로 역정을 내셨다. 일흔이 넘은 할머니는 굽은 데 없이 곧으셨다. 양반 집 따님답게 어려움 속에서도 꼿꼿하고 당당하셨다. 겨울의 매서운 바람처럼 주위 사람들의 행동을 지적하셨다. 모두들 가까이하길 두려워했다. 그런 분이 유독 나에게만은 사랑을 듬뿍 쏟아 주셨다. 옷을 손수 지어 주시고 책가방도 예쁘게 모란 수를 놓아 만들어 주셨다. 이 세상과의 작별의 순간까지 내 이름을 부르시다 돌아가셨다. 가만히 눈을 감으면 할머니의 발걸음 소리가 눈을 밟고 오는 듯 사그락사그락 들린다.

주말인데 역시 눈이 내린다. 반가움보다 걱정스러움이 앞선다. 유난히 춥고 눈이 많이 내리는 혹독한 겨울이다. 산과 들은 하얀 옷을 입고 눈꽃을 피우고 있다. 나무들은 눈의 무게를 지탱하기 힘들다며 땅에 대고 엄살이다. 눈 때문에 차들은 느릿느릿 움직인다. 지난주 꼼짝 못하고 묶여 있었던 악몽이 엄습해 와 마음이 편찮다. 눈으로 길이 막혀 운행을 못하고 서 있는 차들이 많았다. 불안을 떨치려 밖의 풍경을 내다본다.

과일 파는 아저씨는 머리에 눈을 이고 분주하게 오간다. 아파트 담 뒤편에선 연기가 모락모락 올라온다. 담벼락에 가려 보이지 않으나 엊그제 만난 군고구마 파는 학생들일 게다. 아르바이트로 군고구마 장사를 시작했다며 겸연쩍어 하던 모습이 귀엽다. 노인이 헌 유모차에 종이 상자를 싣고 걸어간다. 땅에 닿을 듯 걸어가는 노인의 굽은 등에도 눈이 업혀 간다. 젊은이들이 빠른 걸음으로 노인 옆을 지나간다. 가슴이 찡하게 울려온다. 중년의 아낙이 손수레를 끌며 따끈따끈한 두부와 어묵이 있다고 소리친다. 외치는 소리에 끌려가는 사람은 아무도 없다. 아이들과 눈싸움을 하고, 사진도 찍던 사람들의 모습도 보이지 않는다. 자주 내리는 눈에 모두 다 싫증이 난 모양이다. 여기저기 눈으로 인해 비닐하우스가 찢어지고, 공사중인 건물이 주저앉았다는 푸념이다.

나 역시도 그렇다. 어린 날 눈만 오면 좋아서 뛰어다니던 마음이 성인이 되면서 생활의 편리가 먼저 앞선다. 눈 하나를 바라보는 시각이 이렇게 바뀌었다. 그러나 오늘은 창가에 앉아 내리는 눈을 바라보다 문득 겨울 경치를 그려보고 싶은 욕심이 났다.

  종이를 준비하고, 연필로 스케치하고, 물감을 칠한다. 다 그려 놓고 바라보니, 지난주 사진첩에서 본 그림이 생각났다. 두 개의 그림을 옆에 놓고 보니 똑같다. 눈사람이 숯과 솔가지로 분장을 하고 나를 바라보는 눈빛이 같다. 눈사람 옆에서 뛰어 노는 아이의 모습도 어쩌면 이렇게 똑같을 수가 있을까. 어린 날, 내가 그린 그림과 오늘 그린 그림이 이토록 같을 수 있다니 참으로 신기했다.

  펄펄 눈이 옵니다. 하늘에서 눈이 옵니다. 하늘나라 선녀님들이 자꾸 자꾸 뿌려 줍니다. 자꾸자꾸 뿌려 줍니다.

  그림 속에서 아이들이 옛날 내가 부르던 노래를 부르고 있다. 자꾸자꾸 부르고 있다.

〈『한국문인』. 2001. 6/7.〉

거울 앞에서

 거울 앞에 서면 어린이 동화책에 나오는 백설공주의 이야기가 떠오른다. 마녀의 욕심은 아니더라도 피부가 희었으면 하는 바람에서다. 어린 날, 뒷집 새댁의 뽀얀 얼굴이 부러워 어떻게 하면 희어질까, 친구와 궁리한 적이 있었다. 분꽃 씨를 갈라 얼굴에 발라보기도 했고, 어른들의 분을 훔쳐 바르며 몸이 뒤틀리도록 웃던 기억도 난다. 빨래터에서 만난 새댁이 세숫비누라며 닦아 보라 했을 땐, 손과 얼굴을 수없이 문질러댔다. 혹 그녀처럼 희어질지 모른다는 기대에 온 종일 거울 속을 들여다보았다.
 언제나 거울은 내 소망의 열매를 들여다보는 도구였다. 얼굴이 희어지기를 바라던 내 소망이 얼마나 성취되고 있는가를 가늠해 보던 거울. 그러나 그것은 내 마음을 알아주지 않았다. 며칠 밤을 설레며 들여다보아도 전혀 동정점수도 주지 않는 냉정한 것이었다.

평소에는 전혀 관심이 없었던 거울이다. 나만 그런 것은 아니었다. 학교에 가보면 머리카락이 삐쭉이 올라온 아이. 헝클어져 실타래 모양을 한 아이. 그들 역시 나처럼 거울과 친숙하지 못했다. 그 때에는 거울이 그리 흔하지 않았다. 그래서 그것에 자신의 얼굴을 맡기고 희고 예쁘게 보여 달라고 매달릴 필요도 없었다.

지금은 흔하다. 집 안 어디에서나 볼 수 있다. 안방, 거실, 화장실, 침대와 장롱. 심지어는 화장품 곽에도 붙어 있다. 모양과 용도도 다양하다. 네모난 것, 동그란 것, 하트 모양인 것. 기호에 따라 각양각색이다. 용도도 다양해서 입술만 볼 수 있는 루주에 부착된 것에서부터 얼굴만 보는 것, 피사체를 있는 그대로 보여주는 것, 더러는 일그러지게 보여주는 것도 있다. 벽 전체를 거울로 꾸민 공간도 있다. 대중사우나탕이나 운동하는 헬스클럽에 가 보면 그런 것이 있다. 눕거나 앉아도 자신의 몸매를 여러 각도에서 볼 수 있게 되어 있다. 사방이 거울로 되어 있어 숨을 곳도 없다. 자신만을 보는 것이 아니다. 타인의 몸매를 바라보면서 자신과 비교도 한다. 그럴 때는 겸연쩍어 슬그머니 자리를 피하기도 한다.

거울은 사람들의 모습을 그대로 보여 준다. 안방에서는

좀더 예뻐지기 위해 가꾸는 모습을 보여주고, 욕실에서는 더덕더덕 붙어 있는 삶의 때를 지우는 모습을 보여주기도 한다. 이 때는 원시의 순수하고 깨끗함으로 부끄럽거나 감추고 싶은 마음도 내몬다. 벌거숭이가 되고 싶은 소망도 보여준다. 거울에 비친 자신의 모습에 그리 민망해 하지도 않는다. 울퉁불퉁한 배의 근육을 내놓아도, 검은 피부를 꺼내 놓아도, 고르지 못한 눈썹이 퍼져 있어도, 두툼한 입술은 앵두같이 붉지 않아도 사람들은 부끄러워하지 않는다. 이 때만은 솔직한 자신이 된다. 그래서 나도 거울 앞에서 나 자신을 성찰할 때가 있다. 거울은 있는 그대로 보여주는 솔직함이 있어 좋다.

나는 아침에 일어나면 먼저 세면장에 간다. 세수를 하고 거울과 인사를 한다. 화장기 없는 부석부석한 얼굴이지만 그때가 가장 솔직한 나이다. 예뻐지기 위한 어떠한 꾸밈이나 욕심도 전혀 없다. 윤기 있는 얼굴도 아니다. 세월만큼 와 있는 자신의 모습에서 남아 있는 날의 짧음을 알게 되고, 지나온 세월이 거기 녹아 있음에 경건해진다.

거울은 마음을 읽는 것인가. 어느 때는 내 나이에 이만하면 괜찮다고 자위를 갖게 하다가도, 또 어떤 때는 보고 싶지 않을 만큼 못난 얼굴에 이내 고개를 돌리게 한다.

보이는 것은 시각에 의해 판단되는 외형이다. 이렇게 외모는 직접 눈으로 확인할 수 있다.

그러나 보이지 않는 양심은 거울로도 볼 수 없다. 물길 속은 알아도 사람 속은 모른다는 말이 있듯이. 이 세상에서 가장 무서우면서도 진귀한 거울은 사람들의 가슴속에 들어 있는 마음의 거울이다. 어떤 사람은 천사의 모습으로 선하게 살고, 어떤 이는 악마의 얼굴로 남을 괴롭힌다. 그 마음은 피사체로도 알 수 없도록 되어 있다.

자신의 모습이 어떻게 비춰졌는지도 모르면서 다른 사람의 마음을 휘어잡아 판단을 하게 되니, 마음의 거울은 무섭기 그지없다. 마음의 거울은 제대로 비춰지는 경우도 있지만, 더러는 과장되게 비춰지는 경우도 있다. 이럴 때 나 자신도 죽고 상대도 죽이는 크나큰 오류를 범하게 된다. 내 주위를 스치는 그 많은 거울에 나는 어떻게 비춰질까. 거울에 잡히지 않는 마음이라고 얼마나 많이 숨기고 살았는지 반문해 본다.

나는 가끔 사람의 마음을 거울처럼 들여다볼 수 있다면 얼마나 좋을까 하는 황당한 생각을 할 때가 있다. 만약 그런 일이 가능하다면 좀 더 바르게 살기 위해 많은 사람들이 노력할 것이다. 사람 속은 깊고도 깊어 무한하다. 어느 때는 가까운 이웃이었다가 어느 때는 원수처럼 돌아서서 칼을 들이대는 경우도 있다. 이런 경우엔 살맛을 잃어버리고 만다. 그런 날, 나는 거울을 들여다보듯 그 속을 들여다보고 싶어진다. 잔인하리만큼 악랄하게 해부하듯 확인하고 싶을 때 내 안의 나를 감당하지 못하는 나는 얼마나 추한 모습일까. 자신에게는 너그럽고, 남에게는 인색하게 하지는 않았는지.

거울을 본다. 매번 볼 때마다 다르게 보이는 것은 내 마음의 변화일 것이다. 얼굴에 덧칠하는 것을 싫어하면서도 옆에 늘씬한 몸매를 뽐내며 예쁘게 치장한 나 아닌 다른 사람이 있으면 위축되어 슬며시 자리를 옮긴다. 그리고는 멀찍이 떨어져 나도 그들처럼 포장을 한다. 어쩔 수 없이 속물임을 자책하며 씁쓸한 웃음을 날린다. 언제쯤, 나는 벌거벗은 모습으로 당당히 거울 앞에 설 수 있을까. 한번도 그렇지 못하고, 영원히 마음만 조이면 사는 것은 아닐는지.

〈『산골마을 작은 음악회』 수필과비평 동인지 창간호, 2003. 7.〉

아쉬움

 늘 같은 일상이다. 그날이 그날이다.
 무료함에서 벗어나려 하이에나가 먹잇감을 찾듯이 두리번거린다. 바쁠 때는 한가로이 살고 싶다는 생각이었다. 그러나 한가함은 많은 생각들을 찾아내 마음을 고달프게 한다. 이젠 큰 어려움은 없다. 남아 있는 시간에 욕심을 부리지 않으면 된다. 굽이굽이 도는 일도 가파른 길을 올라가거나 곤두박질치며 내달릴 일도 없다. 갖고 있는 것에 만족하고, 열심히 살아 온 날들에 위안 삼으며. 빈 공간의 여유를 가져 본다. 이 또한 맘먹기 나름이다. 늘 보는 바다를 바라보며 다르게 생각하는 것도 남이 아니고 나 자신이다. 그런 것을 알면서도 한동안은 하늘이 무너지고 땅이 꺼지는 아픔 속에 숨을 쉬지 못했다. 아직도 가끔씩 저 바닥끝에서 소용돌이치며 올라오는 사악한 생각들로 힘겨워한다. 얼마나 많은 시간을 보내야만 완전히 사라질까. 그 굴레에서 벗어나려 발버둥 칠 때마다 조이고 엉켜져 고통스럽게 한다. 좋은 기억이 더 많은데 아픈 기억이 강하게 남아 괴롭힌다. 다 지워버린 상처를 들쑤시어 괴로워할 일도 아닌데. 여유를 가지며 좋은 생각으로 아름다운 것만 기억에 남겨 두고 싶다.

추위가 맹위를 떨치며 앙탈을 부려대더니 좀 힘이 들었는지 오늘은 주춤한다. 하지만 바람기는 차갑다. 이 추운 겨울도 아랑곳 하지 않고 버티어 준 텃밭의 농작물을 조심스레 만져 본다. 꽁꽁 얼어 얼음덩이처럼 차갑다. 만지고 끌어안아 보려 하면 어그러져 제 모습을 잃어갈 것 같다.

순간 내 모습이 보인 것은 왤까. 심장이 멎어버릴 것 같으며 온몸이 얼음장으로 차가워져 손발이 저렸다. 밤새 추위와 사투를 벌이는 그들처럼 밤을 뜬눈으로 지새운 날들.

텃밭에 남아 있는 것들은 햇볕이 나타나면 때를 기다렸다는 듯이 스르르 풀어 헤쳐 몸을 녹인다. 그들의 생존방식이다. 그걸 터득하지 못한 것들은 녹아 쓰러지고 썩거나 말라갔다. 이 추운 날들을 버티어내면 따스한 날이 기다리고 있는데. 아쉬움이 남는다.

요란한 굉음소리와 텅텅거리는 쇳소리를 무심히 넘기는 동안 커다란 건물들이 제법 많이 들어섰다. 몇 가구 되지 않던 이곳에 커다란 건물들 덕에 많은 사람들로 북적인다. 내 집은 막혀 있는 건물이 없어 거실에서 바라보는 풍경은 다양한 한 폭의 수채화다. 산도 바다도 집도 자동차도 사람도 심심할 겨를이 없다. 모두들 이곳의 삶을 부러워한다. 나 또한 이곳을 떠나야 한다고 생각하고 있지만 홀가분함보다 아쉬움이 더 크다.

걷고 싶다. 여유를 갖고 천천히. 기왕이면 혼자보다는 함께 하자는 동무와의 동행이다. 소문만 무성하던 곳에 바다를 메워 광장을 멋지게 만들어 놓았다. 나무도 심어 놓고 햇빛 가리개인 천막들이 여기저기 늘어섰다. 4차로의 길. 양 옆의 가로등. 지금 상황으론 이해가 가지 않는다. 먼 미래를 내다본 것이려니 여기다가도 아까운 바다를 메워 공원으로 만든 것에는 불만이다. 많은 시간 커다란 소음을 들려준 공사가 이것이라면 박수를 보내주고 싶지 않다. 나의 불만엔 아랑곳하지 않는 바다는 그제나 어제나 오늘도 그대로다.

파닥파닥 물장구 소리로 시끄럽다. 민물이 바다와 만나는 곳에서 열심히 목욕을 하며 재잘거리는 무리가 있다. 갈매기 떼다. 바다에서 먹이를 잡고 놀다 제 둥지로 갈 모양이다. 원앙도 보이고 물오리도 여러 마리 섞여 있다.

그들의 요란한 목욕과 달리 퍼덕이며 무언가와 사투를 하는 커다란 새가 눈에 들어왔다. 다쳐서일까. 우리의 등장에 위압감이 들어서인지 나르려 애 쓴다. 다가가 보았다. 왜가리다. 낚싯줄이 부리 속에 걸려 빼어내려 안간힘을 쓰고 있다. 그냥 지나치면 죽을지도 모른다. 나의 허둥댐을 알아챈 것인지 다소곳이 앉아 있다. 한발 물러 줄을 끊었다. 한 치의 망설임도 없이 창공을 향해 오른다. 안도의 순간도 잠시 입에 줄을 길게 달고 있는 왜가리가 눈에 들어왔다. 그제야 잘못 되었음을 알아차렸다. 목에 낚싯바늘과 줄이 걸려 무엇인들 먹을 수 있으며 고통 또한 얼마나 클까, 짧은 동정이 그를 더 고통 속으로 밀어 버렸다는 생각에 마음이 많이 아프다. 내가 아님 누군가 빼어 주었을 것을. 낚싯바늘을 빼어주지 못하면 차라리 그냥 둘 일이지.

그런 일이 있은 후로 난 왜가리를 잊은 적이 없다. 늘 바다를 보면 그가 퍼덕이는 안타까운 모습이 눈에 선하게 그려진다. 왜 혼자 있었을까. 짝지나 동료를 잃어버린 걸까. 다행히 지그들 동료라도 만나서 빼어 주었음 얼마나 좋을까. 더욱 잊지 못하는 것은 그가 있던 장소에 내가 살면서 보고 있기 때문인지도 모른다. 내 다시 이런 상황이 내게 주어진다면.

오늘도 난 부질없음을 알면서도 무거운 외투를 걸치고 고통과 아픔의 언저리에서 서성이고 있다. 살아 있다는 것은 늘 후회와 아쉬움의 연속이다.

〈『푸른솔 문학』 2016년 봄호.〉

지킬 박사와 하이드 씨

 지금 우리는 수많은 사건들을 접하고 산다. 인재든 천재든 아니면 인간의 계획된 잔악한 범행이든 시한폭탄과도 같은 일들 속에서 산다.
 공포의 순간은 두려움과 무서움이다. 가끔 텔레비전 프로그램 중 갇혀 사는 이들을 구해내는 것을 볼 때가 있다. 노예처럼 구박을 받으며 살고 있는 그들은 주인에 대한 공포에 말도 제대로 하지 못하고 있었다. 그 세월이 십 년은 훨씬 넘어 있어도 시간의 흐름조차 인식하지 못하고 구속의 삶을 강요받고 있었다. 노예처럼, 아니 짐승처럼 일만 하며 살고 있었다. 먹는 것, 입는 것, 말하는 것까지도 자유롭지 못했다. 자기를 위해 대변해 주고 보호해 주려는 이들까지도 무서워하고 두려워하고 경계한다.

눈빛은 초점을 잃고 기운은 고갈된 상태에서 기계처럼 행동하고 있었다. 난 그 기획물을 볼 때마다 인간의 양면성에 가슴이 아팠다. 어떻게 한 사람의 일생을 저렇게 송두리째 앗아갈 수 있을까. 그래도 그 가해자들은 더 당당히 온갖 말로 자신을 변론하기에 바빴다. 한 점의 뉘우침은 고사하고 보호자를 대신하여 그들을 돌보아 주고 있다고 했다. 그 사건들 중에 유독 내 마음을 아프게 한 것이 있다. 한 아이의 감금이다.

불이 꺼져 있는 집에서 아이의 울음소리가 들린다는 사연이다. 방송국 사람들이 주위를 둘러보았으나 아무런 소리가 들리지 않았다. 외관상 보기에는 아무런 문제가 있어 보이지 않는 집이다. 문을 두드려보고 불러보아도 대답이 없다. 돌아서 나오려는 순간 작은 울림이 어둠을 헤집고 들려왔다.

"엄마, 나 무서워요. 흑흑 엄마 나 무서워요."

그들은 다시 문 앞으로 가서 조심스레 불렀다. 소리가 멈췄다. 한참의 침묵이 흐르고 창문 커튼이 열린다. 작은아이다.

"누구세요?"

"아저씨야. 문 좀 열어 줄래?"

처음에 아이는 안 된다고 했다. 엄마가 알면 혼난다는 것이다. 아이를 설득해 집안으로 들어갔다. 어두운 방안은 칠흑빛으로 아이의 두려움이 얼마나 컸을까를 짐작게 한다. 방안의 냉기는 온몸을 휘감고 달라붙어 공포감을 느끼게 했다.

빵과 우유를 건넨다. 손이 얼어 우유를 받는 손이 부자연스럽다. 우유를 잡은 손이 덜덜 떨고 있다. 그래도 배가 고팠는지 단번에 벌컥벌컥 들이마신다. 갑자기 춥다며 아이가 다시 우유를 돌려준다. 꼭 끌어안아 준다. 추운 것보다 배곯음이 더 컸을까. 빵을 정신없이 먹는다. 먹는 내내 아이는 두려워했다.

"아저씨, 이제 빨리 가세요. 그리고 이것 모두 가져가 주세요. 엄마가 보면 혼나요."

아이는 다 먹은 빵 껍질과 빈 우유갑을 돌려주며 신신당부를 한다. 집에서 나온 사람들은 집 밖에서 누군가 나타나기를 기다리며 서성였다. 많은 시간이 흐른 뒤 그 집 앞에 차 한 대가 멈추어 섰다. 대문을 거쳐 현관을 열쇠로 열고 막대를 걷어내고 안으로 들어간다. 중년의 여자와 한 아이가 들어가고 요란한 소리가 들린다.

"엄마, 잘못 했어요. 엄마, 미안해요."

아까 그 아이다. 온종일 혼자 집안에만 있던 아이가 무엇을 잘못해 혼나는 것일까. 이튿날 밤 다시 찾은 집. 아이는 어제와 달리 반가이 맞는다. 기다리고 있었나 보다. 어제보다 친숙해져 잘 살펴볼 수 있다. 얼굴과 어깨에 멍 자국이 보였다. 이게 왜 이렇게 되었느냐고 물으니 그냥 다쳤다고 한다. 저토록 밝은 아이에게 누가 저 두려운 공포를 만들어 감금하고 구박을 하는지 궁금했다. 아이가 어머니라 부르는 여인은 중년을 넘긴 여인이다.

그 아이는 보육원에서 데려온 아이. 자식으로 키우겠다고 데려와 아이를 구박하고 감금하는 여인. 양모는 엘리트다. 최고의 학력과 최고의 전문직에 종사하며 마음을 다스릴 줄 아는 종교를 갖고 있는 사람이었다. 사회에서 보면 어디로 보아도 그녀는 존경받는 사람이다. 밖에서는 근엄하고 점잖은 사람이 집안에서는 악마의 얼굴로 아이를 구박했다. 영락없는 지킬박사와 하이드 씨다.

늦은 시간 그녀가 찾은 곳은 교회다. 그 곳에서 그녀는 무슨 기도를 했을까. 자신의 죄를 뉘우치는 기도였을까. 아님 자신이 만든 틀 속에서 온갖 미움에 싸여 있는 아이를 보내기 위한 기도였을까. 몇 년 전, 세 아이를 입양하여 한 아이는 말썽을 부린다 하여 다른 곳으로 보내고, 또 다시 이 아이에게도 똑같은 죄명을 씌워 구박을 하고 어디론가 보내려 했던 그녀의 모습을 바라보면서 내 자신이 사람인 것이 그토록 부끄러울 수가 없다. 선한 웃음 속에 날카로운 칼을 쥐고 힘없는 사람에게 상처를 주는 그는 누구인가. 너도 될 수 있고 나도 될 수 있기에 난 다시 무릎을 꿇고 하루를 끝마치는 시간에 성찰의 시간을 가져본다.

〈『계룡수필』 제9집. 2011.〉

두 이야기

보혜야, 보혜야.

보혜는 오래 전 건넌방에서 같이 살던 아이다. 태어날 때부터 정상적인 아이가 아니었다. 그런데도 그 아이는 가슴에 담아둔 사람은 아주 정확히 기억하는 특별함이 있었다. 당시 우리 집 주변엔 여섯 가구가 오밀조밀 사이좋게 붙어 살았다. 울도 담도 없었다. 수도도 없는 달동네에서 여섯 가구 모두가 우리 집 우물물을 길러다 먹었다.

특히 보혜의 집은 우리 집 처마와 빗대고 있어 한집 같았다. 우리 집 마루에서 내려다보면 보혜의 집 안방이 들여다보였다. 지대가 좀 낮았던 그 집은 손만 내밀면 내 손을 잡고 건너뛰어 올 수 있을 것 같았다. 심지어 말소리까지 다 들렸다. 부엌에서 일어나는 일들을 보지 않으려 해도 보아야 했고, 안방에서 일어나는 가족간의 사는 모습도 제 집 식구처럼 훤히 알게 되었다. 오늘 반찬이 무엇이고, 상에 올린 음식이 밥인지 국수인지도 알 정도다. 그러다보니 집에 누가 나가고 들어오는지 말해 무엇하랴. 보혜 엄마와 나의 어머니는 남달리 깊은 관계를 유지하고 지냈다. 자매도 친척도 아니지만 좀 각별했다. 그렇게 가까워진 것에 대하여 한번도 생각해 본 적은 없었다.

어느 날, 보혜 어머니가 문도 없는 부엌 안에서 쪼그리고 앉아 훌쩍이고 있는 것이 보였다. 어머니는 그녀를 우리 집 안방으로 데리고 왔다. 나는 두 사람을 번갈아 보며 영문도 모른 채 바라보고만 있었다. 내가 초등학교 사학년 때일 게다. 봄은 아직 이르고 겨울은 조금 빗겨가서 비가 오는 을씨년스러운 날이었다. 어머니의 무릎에 얼굴을 묻고 보혜 어머니는 서럽게 울었다. 어머니도 말없이 등을 토닥이며 소리를 죽여 같이 울고 있었다. 왜 그토록 울어야 했는지는 한참의 세월이 흐른 훗날 알게 되었다.

이것은 남을 통해 들은 이야기가 아니고, 직접 내 어머니가 나에게 들려주었다. 이제는 당신의 딸에게 이야기를 해도 이해할 수 있을 거란 말을 서두에 내걸고 어머니는 지난 날을 헤집어 내게 들려주었다. 어머니의 젊은 날들이 내 기억을 혼란스럽게 했다. 고등학교를 졸업하기 몇 달 전 밤이었다. 두 분이 주위 사람들보다 더 가깝게 지낸 까닭을 그

때 처음 알게 되었다.

 두 분은 비슷한 처지였다. 전 남편이 죽고 거기에서 낳은 딸이 하나씩 있으며 다시 개가한 사연이 같았다. 보혜네는 우리보다 조금 더 어려웠다. 단칸방인지라 함께 살 수 없어 데리고 온 딸을 남의 집에 보냈다고 했다. 그 딸이 남의 집 일을 하다 뜨거운 물에 화상을 입어 병원에 있다고 했으며, 제 아버지의 죽음에 대한 이야기를 알고 싶어 하고, 재혼한 어미에 대한 원망이 크다고 했다. 이런 이야기를 들려주며 나의 어머니는 긴 한숨을 쉬곤 했다.

 이야기를 들으며 나는 어쩔 수 없이 나 자신에 빠져들었다. 나의 어머니가 나를 데리고 와 마음고생하듯이 그녀의 입장도 매일반이었다. 보혜의 아버지는 한국동란 때 단신 월남한 분이다. 뒤늦게 재혼해서 네 자녀를 두었다. 보혜는 그 중 첫째다. 보혜는 태어나면서부터 발육이 다른 아이와 달리 늦었다. 내가 시골 작은 집에서 중학교를 마치고 다시 어머니가 살고 있는 집으로 돌아왔을 때 초등학교를 다녀야 할 보혜는 학교를 다니지 못하고 있었다. 헤 벌리고 있는 입술 사이로 침을 질질 흘리며 좁은 툇마루에서 뒹굴며 놀고 있었다. 보혜가 할 수 있는 말도 많지 않았다. 정확하지는 않지만 아버지, 어머니, 동생, 언니, 아줌마, 밥 등 자신이 불편하지 않을 정도의 단어만 구사했다.

 내가 결혼해서 우리 아이들이 초등학교에 다닐 때에 그

곳을 우연히 지나게 되었다. 보혜와 비슷한 젊은 부인네가 나를 쳐다본다.

"언니, 영숙 언니다. 예쁜 언니다."

빙그레 웃으며 정확지 않은 발음으로 내게 다가선 사람은 보혜였다. 아득히 사라진 얼굴이 되살아났다. 마지막으로 얼굴을 본 지가 십여 년이 넘었는데 날 기억하고 있었다. 나와 정확히 눈길을 마주친 적도 깊이 이야기한 적도 없었는데 그 아이가 나를 기억하고 있었다. 나를 알겠느냐고 물었다. 그녀가 고개를 끄떡였다. 언제나 좁은 마루에서 혼자서 뒹굴고 있던 아이가 아닌가. 그녀의 어설펐던 지난날의 모습이 떠올랐다. 어려운 처지에서 내 어머니와 공감하며 살던 그녀의 어머니도 떠올랐다.

한참 동안 지난 세월에 내동댕이쳐진 나는 느닷없이 밀려오는 부끄러움에 고개가 숙여졌다. 온전한 나는 보혜의 어두웠던 세월만을 기억하는데, 그녀는 나의 좋은 점만을 기억하고 있었다. 집안의 부끄러움과 보혜의 미숙함만을 기억했는데, 그녀는 '예쁜 언니'로 나를 기억하고 있었다. 어쩌면 사람은 영리하면 할수록 타산적이고, 자기 위주고, 이기적인 것은 아닐까. 영리하면 할수록 상대의 허점만을 헤아리려 하는 것은 아닐까. 그에 반하여 좀 어수룩하면 상대의 좋은 점만 기억에 남기고 좋지 않은 것은 모두 버리는가 보다. 내 이기에 문득 놀란다.

키키야, 키키야.

이제 잊어라. 그리고 기억 속에서 지워 버리고 열심히 뛰어 다니며 살아라.

요즈음 나는 부채에 시달린다. 은행에서 돈 갚으라는 것도 아니고, 사채를 쓰고 있는 것도 아닌데, 지금 나는 빚에 몰린 사람처럼 마음이 무겁다. 원인은 그 놈 때문이다. 데리고 살자니 이웃 주민 항의를 이겨낼 재간이 없고, 남 주자니 마땅한 사람이 없었다. 그렇다고 아파트를 내놓고 주택으로 이사할 수 있는 처지도 아니다. 머리를 수없이 굴려 보아도 뾰족한 대안이 없다.

지난번에 다 합의를 본 사항을 어기고 딸애는 울고불고 하며 키키를 데려가더니 이젠 백기를 들고 애원이다. 그도 그럴 것이 그 놈이 좀 여우인가. 제 주인 알기를 뭐 떠받듯 졸졸 호위하며 다니고, 복종하겠다고 틈만 나면 몸을 뒤집고, 눈만 마주치면 뽀뽀를 쉼 없이 해대니 넘어가지 않고 배기겠는가.

제 명 다하는 날까지 함께하겠다고 선포를 하더니 도저히 불쌍해서 안 되겠다며 연락이 왔다. 새로 이사한 집이 좁고 어두운데다 직장에서 늦게 돌아오는 날이 태반이라며 선처를 호소한다. 거기다 자주 있는 해외출장 땐 어찌할 수 없다며, 엄마가 데려다 기르면 안 되겠느냐며 애원이다. 조심스레 운을 떼는 딸애의 심정을 애써 모르는 척한다. 일말의 틈도 주지 않고 안 된다고 강하게 말하고 싶었다.

그러나 차마 그러질 못했다. 그 소리에 맘 다칠세라 목젖까지 올라온 말 머리를 돌리고 가슴을 쓸어내렸다. 내가 데리고 살지 못하면 남을 주어야 하니 따진들 뭐하겠는가. 우선 그 놈의 거처 문제부터 협상을 해야 했다.

내 집에서는 도저히 기를 수 없고, 다른 곳에서 찾아보기로 했다. 다른 곳에 주되, 첫째는 구박받지 않고 사랑해 줄 집이어야 하며, 둘째는 보고 싶으면 언제든지 만날 수 있어야 하고, 셋째는 어쩌고저쩌고 아이의 유념 사항은 많기도 하다. 그러나 조건이 좋은 집을 선정하기는커녕 아예 맡아서 같이 살겠다고 나서는 사람조차 없다. 하는 수 없이 전에 이야기 한 친구 집에 유효한지 물었다. 친구는 쾌히 승낙했으니, 이젠 그 놈을 데리러가야 한다. 기왕 맘먹은 김에 빨리 데려가란다.

딸애의 품에서 데려온 키키를 친구 집에 두고 오는 걸음이 무겁다. 몇 달 데리고 살다 제 주인에게 보낼 때와는 기분이 영 다르다. 어지간하면 내가 키우려 해도 아파트 이웃의 시선이 매섭고, 소리 없이 있어 주면 좋으련만 시도 때도 없이 짖어대는 통에 관리실 방송에 나 몰라라 시침 떼기도 힘이 든다. 그뿐인가. 자주 외지를 다니는 우리 내외에겐 제한된 장소가 많아 여간 곤혹스럽지가 않다. 어찌할 수 없어 친구에게 주고 오지만 마음은 무겁기 그지없다. 적응이나 잘할지 궁금하다. 내 마음도 이러니 제 주인은 어떻겠는가. 보내는 마지막날 있는 것 없는 것 다 챙겨 보따리가 여간 무겁지 않았다. 식량 보따리, 영양식과 간식, 목욕 물건, 칫솔, 귀후비개, 발톱깎기, 장난감과 소지품 보따리, 용변기구, 이동용 집 등 승용차 안이 그 놈의 물건으로 가득했다.

며칠 우리 집에 데리고 살다 보내자고 조르는 남편의 말도 거절했다. 어차피 보내려면 그 놈도 하루 빨리 적응해야 하고, 자꾸 주인이 바뀌면 힘들고, 우리도 보내고 예전처럼 눈에 밟히면 서로 더 마음이 아플 것 같아서다. 떼어 놓고 오던 날, 울어대는 것을 두고 와 마음이 찡했다. 나는 징검다리 역할밖에 하지 않았는데도 마음이 무거운데 세 해를 키운 제 주인은 어떨까. 제 부모가 목소리 듣고 싶다고 목을 매도 전화 한 통 인색하던 딸애가 뻔질나게 전화질이다.

한 달 만이다. 그 놈을 보러 간다. 아이들 궁금증을 풀어 줄 겸 다른 일을 핑계삼아서 찾아갔다. 목소리를 알아듣고 난리다. 오줌을 싸고, 뒹굴고, 얼굴에 뽀뽀하고, 끙끙대며 좋아서 어쩔 줄을 모른다. 새 주인이 민망해 할 정도로 우리 내외 앞을 떠날 줄 모른다. 우리와 지낸 것은 얼마 되지 않았는데 잊지 않고 있다. 또 울어댄다.

괜히 왔나 보다. 겨우 추스르는 키키의 마음에 돌을 던진 것 같다. 울려 놓고 돌아오는 걸음이 무겁다. 며칠이 지난

후 전화를 했다. 우리가 떠나고 눈물을 흘리며 제 집에서 나오지 않고 있다는 것이다. 괜한 짓을 한 것이 분명하다. 나는 키키를 생각하면 짖어대는 울음소리, 발기발기 찢어 놓는 휴지, 그리고 좋은 것보다 불편함만을 떠올리는데, 녀석은 무엇이 그리 좋아 우리를 잊지 못해 할까.

키키야, 잊어라. 너의 기억 속에서 예전 것은 모두 잊어라. 이런 것을 보고 인간 못된 것, 개만도 못하다는 말이겠지. 우린 지금 큰 부채를 떠안은 것처럼 키키를 떠올리면 가슴이 아프다. 그러나 우리보다 훨씬 잘해 주고 있는 친구 내외가 있지 않은가.

문득 나는 키키만도 못하단 생각이 든다. 저를 버린 주인의 비정을 전혀 기억하지 않고 달가웠던 사랑만을 기억하고 있다. 우리가 영리하다거나 지혜를 가지고 있다는 것은 상대를 후리고 나에게 유리하게 할 줄만 안다는 뜻인가 보다. 어쩌면 나는 저 보혜와 키키만도 못한 삶을 살아온 것이 아닐까. 저들의 그 순박하고 깨끗함만을 추구하는 삶을 배워야겠다. 인간이 지혜가 있다는 것은 그만큼 야박한 존재라는 뜻인가 싶다.

〈『계룡수필 제4집』. 2006.〉

여다지 해변의 물은 보이는가

 사실 나는 장흥엘 가면서 그곳에 대해 아는 바가 없었다. 한번도 그곳을 가본 적도 없고, 지명조차도 최근에 와서 '편백숲 우드랜드'가 방송을 타면서 겨우 들었다. 어찌 보면 '장흥'은 내게 있어서 처녀지였다. 그래서 알몸이 되어 산림욕장에 들어가는 기분으로 그곳을 향했다.

 행사 날이 다가오면서 그곳이 이청준, 한승원 같은 소설가를 배출한 곳이고, 한국의 유일한 '문학관광기행특구'라는 것을 알게 되었다. 막상 이 같이 문학과 연관이 있는 곳이라는 것을 알고 나서도 나는 문학적 분위기에 대한 기대보다 '편백숲 우드랜드'에 묶이어 '누드'의 영역에서 벗어나지 못하였다. 그렇다고 내가 음한 분위기를 즐긴다고 할 이는 없으리라 믿는다. 오로지 유교문화로 키워진 내 사고에 장흥은 '신비의 땅'임에는 분명했다.

행사가 시작되고 한승원 선생의 강연을 들으면서 나는 서서히 문학의 여울로 빠져들었다. 그의 강연은 우리가 늘 고민하고 있었던 고뇌의 늪을 항해하면서 하나의 계시처럼 앞에서 끌고 있었다.

소설가 한승원

그는 내게 거침없이 '해산토굴海山土窟'로 다가왔다. 기이하게 땅 속에 굴을 파놓고 그 안에서 글을 쓰는 사람이라고 인식하고 있었다. 장흥에 가서야 그것이 아니라 그의 집필실에 붙은 당호일 뿐이라는 것을 알게 되었다. 그는 자신의 작업실인 '해산토굴海山土窟'에 얽힌 이야기를 풀어놓았다. 그의 이야기를 조금만 빌려본다.

하루는 스님이 찾아와 부처님을 모신 곳을 찾는다. 왜냐하면 '토굴'은 불가에서는 스님이 고행하는 곳이기 때문이다. 스님은 '토굴'에서 부처님과 고행을 떠올렸다. 또 하루는 웬 사내가 찾아와, 이곳에서 새우젓을 파느냐고 묻는다. 새우젓은 토굴 안에 저장하고 장시간 곰삭히기에 비롯된 이야기다. 이 사내는 삶의 현실에서 토굴을 인식했던 것이다.

한승원 선생님은 이 이야기들을 통해 '사람의 눈높이에 따라 사물이 보인다.'는 진리를 말하고 있었다. 그러면서 작가는 파도만 보지 말고 물을 보라는 말로 요약하여 적어도 문인은 '현상을 적지 말고 실체를 적어야 함'을 우리에게 깨우치려 했다.

글을 쓰기 시작한 지 벌써 십여 년이 넘었는데, 자꾸만 현상에 머무는 나의 눈높이에 부끄러울 뿐이다.

소설가 이청준

─저 장흥 땅 진목리 잔등 타고 내려간/ 노을 아랫목이 여직 따땃한 것이/ 어째 당신이 저쯤에서 소주상 미리 봐놓고/ 짐짓 기둘리고 계신 것 같기도 하고……

─ 황지우 추모시 〈거룩한 염치〉에서

그는 우리 곁을 떠났어도 언제나 우리와 함께 있다. 그의 작품이 우리 품에 있기 때문이다. 작가는 가도 그가 남긴 작품은 영원히 독자들의 머릿속에 살아 있어 영혼을 일깨워준다. 처음 가는 그의 생가였지만, 그리 낯설지 않다.

생가를 찾아들어서는 골목길에서 집요하게 우리를 맞아주던 쇠똥냄새. 그 냄새가 제 아무리 고약하다 해도 이청준 선생의 작가혼만 하였으랴. 좁다란 길을 따라 들어가니 골목의 끄트머리에 이청준 선생의 생가가 나타난다. 그리 넉넉지 못했던 선생의 유년시절을 말하는 듯 협소한 마당이 보이고, 앞쪽으로 손바닥만 한 남새밭이 있다. 마당가에 세워진 입간판이 생가를 억압하며 위엄을 떨고 있다. 왠지 모를 안타까움이 밀물져 왔다. 선생의 유년시절을 떠올리는 데에 장애가 된다는 생각을 한 것은 왤까. 그 위용 앞에 서 있는 생가는 처마도 얇기 그지없고, 처마의 곡선도 휘어져 있다. 작가의 부친이 꾸렸던 힘들었던 삶을 말해 주기나 하듯이. 해마다 이엉을 입혀 썩은새의 두께로도 가세의 힘을 과시하던 시절이고 보면 선생의 어린 시절이 얼마나 팍팍했는지 짐작이 간다.

굳게 닫혀 있는 부엌문이 열리면서 모친께서 선생을 부르며 군고구마를 들고 나올 것만 같다. 감나무 밑에서 허기진 배를 달래던 선생이 홍시에서 시선을 거두어 모친 앞에 서면 사랑의 고구마가 건네졌을 것이다. 아무것도 심지 않아 황토만이 널브러져 있는 남새밭. 물론 전에는 그곳에 고구마도 심고 상추도 심었을 것이다. 지금 새로운 작물을 위해 말끔히 정리가 되어 있다. 문득 내가 방문한 지금이 선생이 새 작품을 구상하기 위해 말끔히 치워놓은 것과 같은 착각에 빠지는 것은 나도 글쟁이라서일까.

방문객들은 모두 마당가에서 집을 향해 서 있다. 어떤 이는 방안을 들여다보기도 하고, 어떤 이는 부엌도 살펴보고 있다. 남새밭가 돌에 올라선 사람은 생가의 모습을 바라보고 서 있다. 우리는 모두 집안을 살펴보며 현실에 부딪치는 사고를 하고 있다. 어려웠던 삶, 작가의 유년시절, 가세의 기욺.

하지만 작가 이청준 선생은 이 마당가에서 집 쪽을 더 바라봤을까, 집 앞 회진 앞바다를 더 바라봤을까. 앞에 있는 산등성이를 타고 넘어온 안개가 자욱이 마당에 깔리면 불신의 현상에 얼마나 괴로워했을까. 촌부들의 끝없는 삶의 고통 속에서 우리 가락과 삶의 진정성을 찾아 나서지는 않았을까. 같은 장소에서 세상을 바라보아도 속세의 일에 묶이고 마는 우리가 왠지 부끄럽다는 생각이 든다. 같은 사물을 봐도 바라보는 시각은 다르기에 작가는 존재하고, 그들이 생산해낸 작품은 영원한 것이겠지.

편백숲 우드랜드

실은 이번 문학기행에서 가장 기대한 곳은 이곳이다. 우리나라에 처음 생긴 '누드 산림욕장'이다. 앞에서도 말했듯이 나는 '누드'라는 말에 설복당해 있었다. 과연 동방예의지국에서 '누드'라는 말을 어떻게 소화할 수 있을까 궁금했다.

긴장한 나에 비해 '우드랜드'는 담담하게 우리를 맞았다. 쭉쭉 뻗은 편백 숲으로 빨려 들면서도 머릿속에서는 어떤 모습일까 궁금했다. 하지만 입구를 들어서서 조그마한 방갈로에서 쉬고 있는 사람들을 바라보는 순간 나의 불안감은 모두 사라지고 온 김에 한 사나흘 쉬어가면 좋겠다는 생각이 고개를 들었다. 돌층계가 아닌 목재 산책길을 걸으면서 편백향에 깊이 젖어보고 발밑에 심어놓은 야생화를 보면서 진정 자연과 공생하는 방법이 이런 것이라는 생각을 해본다. 우리 인간들은 자신들의 편리를 위해 자연을 개발하더라도 상처를 덜 내면서 공생하는 마음의 자세가 필요하다. 죽 걷도록 시설해 놓은 산책로에서 자연 훼손이라는 생각을 한번도 하지 못했다. 오로지 산림욕에 젖어 깊은 휴식을 맛보았다.

한 바퀴 돌아 출구에 도착했을 때, 나는 다시 정신을 움켜잡지 않을 수 없었다. 이곳에 오기 전에 그 얼마나 '누드'라는 어휘가 나를 따라다녔는가. 그런데 나는 우드랜드를 한 바퀴 돌아 나올 때까지 한번도 '누드'라는 단어를 떠올리지 않았다. 참으로 신기했다. 정말 실체에 깊이 들어가면 눈앞에 보이는 현상은 별거 아니라는 생각이 이는 순간, 엊저녁 한승원 선생이 한 말씀이 생각났다.

―파도만 보지 말고, 물을 보아라.

여다지 해변에 밀려왔던 파도가 잦아들며 잔잔히 너울대는 물이 내 뇌리를 비집고 들어온다.

〈『수필과비평』 2011년 9월호.〉

4부

레베카의 아들
돌아올 날을 그리며
엄마야 누나야
황홀한 할머니
삼촌의 노래
도마 위에 올린 생선
애상
복이씨의 여행
요단강 건너서 만나리

레베카의 아들

이사악의 아내 레베카는 임신을 하지 못하였다. 이사악은 아내를 위하여 주님께 기도하였다. 그리하여 주님은 그의 기도를 들어 주시어 레베카는 임신하게 되었다. 그녀의 뱃속에는 한 아이가 아닌 쌍둥이였다. 달이 차 아이가 태어났다. 선둥이로 나온 아이는 살갗이 붉고 온몸이 털투성이였다. 이어 동생은 형의 발뒤꿈치를 손으로 잡고 세상에 나왔다. 형은 솜씨 좋은 사냥꾼으로 들사람이 되고, 아우는 온순한 사람으로 집안에서 살았다. 아비인 이사악은 사냥한 고기를 좋아하여 큰아들을 사랑했고, 어미인 레베카는 작은아들을 사랑했다.

이사악이 늙어서 눈이 어두워 잘 볼 수 없게 되었을 때, 큰아들을 불러 말하였다.

"아들아, 네가 보다시피 나는 이제 늙어서 언제 죽을지 모르겠구나. 그러니 나를 위해 사냥을 해 오너라. 그런 다음 내가 좋아하는 대로 별미를 만들어 나에게 가져오너라. 그것을 먹고, 내가 죽기 전에 너에게 축복을 하겠다."

어머니인 레베카는 남편 이사악이 큰아들에게 하는 말을 엿들었다. 큰아들이 사냥을 떠나자 작은아들에게 아버지가 한 말을 알려주었다. 그리고는 집에서 기르는 양을 잡아 오게 하고 양의 털을 몸에 붙여 큰아들인 것처럼 만들고, 음식을 만들어 축복을 받게 했다.

어머니인 레베카는 열 손가락 중의 가장 아픈 자식이 작은아들이었다. 당신의 사랑을 받고 있으나 아버지의 사랑을 받지 못하는 아들을 위해서 해서는 안 될 일을 저지르고만 것이다.

흔히 우린 이런 말을 자주 올린다. 열손가락 깨물어 안 아픈 손은 없다고. 어느 자식이든 똑같다고 말한다. 하지만 다 아프지만 유독 더 가슴이 아린 자식이 있다. 열 손가락이 똑같지 않고 제각기 다르듯 조금은 더 마음이 쓰이는 자식이 있다. 어느 곳에 내놓아도 잘 살아가는 자식보다 조금은 부족하고 당당하지 못한 자식에게 부모들은 마음이 쓰이게 마련이다.

마리아네 집에도 마찬가지다. 마리아에게는 남매가 있다. 위로 딸이고 아래로는 아들이다. 어릴 적부터 야무지고 당당한 누이와 달리 동생은 마음도 몸도 다부지지 못해 부모의 걱정을 놓지 못하게 했다. 문 여닫는 소리에도 깜짝깜짝 놀랐다. 뚜렷한 병명도 알 수 없이 배가 부풀어 오르고 잠을 이루지 못해 이 병원 저 병원 헤매고 다녔다. 모두들 죽을 것 같다는 생각들을 떨치지 못했다. 병원에서도 손을 놓아버려 대책 없이 여러 날이 갔다. 그러나 이대로 있을 수 없어 평소 자주 다니던 병원을 찾았을 때 의사는 둥그런 눈을 더 치켜뜨고는 왜 이러고 있었느냐고 물었다. 죽이든 살리든 맡겨보라는 데도 없어서라며 고개를 떨어뜨리고 있는 마리아의 목덜미 너머로 의사는 조용히 제안을 했다.

"그러면 우선 기도부터 합시다."

마리아에게는 그보다 더 좋은 말이 없이 들렸다. 이제는 살 수 있을 것 같았다. 그녀는 그 의사에게 아이를 맡겼다. 그의 기도 덕분이며 주님의 보살핌이었으리라. 차츰 몸이 회복되어 갔다. 죽었다가 살아온 아들 같았다. 마리아는 아들에게 각별했다. 무엇을 바라랴, 살아만 있어 다오, 하며 지냈다. 그러나 아이가 완쾌되자 욕심이 생겼다. 남에게 처지지 않기를 바라고 앞서 가길 원했다. 사내아이니 씩씩했으면 좋으련만 겁이 많고 조용했다. 말썽을 피우는 법이 없었다. 모든 것에 자신이 없어 했다. 이제 서른을 넘긴 성인이며 한 가정을 꾸려야 할 나이가 되었다. 부실하던 몸도 숱한 어려움을 겪고 튼튼해졌다. 하지만 모든 일에 적극적이지 못하고, 뜸들이고 서 있는 아들을 보면 아비인 요셉은 속을 태운다.

사람에게 단점과 장점이 있다. 옥에도 티가 있다고 하지 않던가. 아들은 마음이 착하다. 남을 배려하는 마음 또한 깊다. 생각이 많아 처음 시작하는 것에 두려움이 크다. 그래서 무슨 일을 앞에 놓고도 선뜻 나서지 못하지만 한번 일을 맡으면 끝까지 한다. 아비인 요셉은 마리아의 자식 교육이 아들을 버려 놓았다고 책한다. 온실 속에서 어미의 치마폭에 산다고 못마땅해했다. 하지만 언젠가는 일어서 달려갈 것이라 마리아는 믿는다. 그때가 너무 길지 않기를 매일 기도하고 있다.

레베카가 큰아들의 장자권을 작은아들에게 주고 친정 오라비에게 보내며 살길을 열어주 듯 마리아 자신도 아들에게 넓은 길이 열려 있다고 말해 준다. 아직은 아닐지라도 언젠가는 그만이 가지고 있는 장점을 살려 이웃과 더불어 살아주길 살짝 비추어 본다. 어미의 뜻이 아닌 본인 의지와 생각으로 힘껏 달려가길 기대해 본다.

〈『계룡수필』 제10집. 2012년.〉

돌아올 날을 그리며

 창문 흔드는 소리가 들린다. 밖을 내다보았다. 저만치 언덕을 오르는 딸아이의 모습이 보인다. 신주머니 끈을 길게 늘려 빙빙 원으로 그리며 올라온다. 아이의 모습이 건물에 가려 보이질 않는다. 시선을 창 아래 화사하게 피어 있는 벚꽃으로 옮겨 놓는다. 엊그제만 해도 뾰족 내밀던 꽃망울이 화사하니 꽃잎을 반쯤 열었다. 지난겨울, 살을 에던 시련의 아픔은 어느 곳에서도 찾아볼 수 없다.

 한참을 기다려도 내 시야에 딸애의 모습이 들어오지 않는다. 참지 못하고 층계를 내려가 보았다. 이웃 꼬마 셋이 길가에 앉아 소꿉놀이를 하며 놀고 있다. 나는 잠시 동안 착각에 빠졌다. 딸아이가 대학을 졸업한 숙녀란 것도 잠시 잊고 있었다. 큰애가 중학생이고 작은 녀석이 초등학생일

때에 이곳에 왔다. 두 아이는 적응하기 힘들다며 고향으로 돌아가길 원했다. 나 역시도 그랬다. 늘 아이들이 집으로 돌아오는 시간이면 창문에 목을 매고 오는 모습을 지켜본다. 큰아이는 수업을 끝내고 집으로 돌아올 때면, 신주머니 끈을 늘여 빙빙 돌리며 오르막길을 여유롭게 올라온다. 여러 번의 나무람에도 습관을 바꾸려 하지 않았다. 지금 딸의 모습이 그곳에 서 있다. 헤어진 지 불과 삼 일밖에 안 되었는데 마음 한구석에는 그리움이 꽉 차 있다. 딸아이가 보고 싶다.

그 어느 때보다 춥고 눈이 많이 내렸던 지난겨울. 그 겨울의 칙칙한 그림자가 우리 가정에도 찾아왔다. 딸아이가 대학을 졸업하고 외국유학을 떠나는 문제로 우리 가족들은 늘 근심에 빠져 있었다. 물론 아이야 경험이 있어 잘 견뎌내겠지만, 부모로서 자식의 의욕적인 삶에 뒷받침할 수 없음이 안타까웠다. 딸아이의 욕망을 채워줄 수 없음을 우리 부부는 괴로워했다. 고통과 아픔은 많은 것을 안겨다 주었다. 소리 내어 울어도 보았고, 체념과 허탈함도 맛보았다. 잃은 것이 있으면 얻어지는 것도 있다고 자위도 해보았다. 이제는 봄날의 따사로운 햇살을 받아들이는 지혜도 배웠고, 옳고 그름을 구분할 줄 아는 마음도 갖게 되었다. 제 계획대로는 못했어도 차선으로 딸아이는 일본으로 떠났다. 떠나기 보름 전 느닷없이 딸아이가 같이 가자고 졸라댄다.

뜻밖의 제안에 여러 번 망설였다. 형편이 여의치 못한 유학 길이라 전혀 생각지도 않은 일을 제 아버지를 졸라 허락을 받아냈다. 집에 있으면 어린아이처럼 어미 손 하나하나에 의지하고 자기 일에만 열중하던 아이가 전혀 다른 아이로 변해 가는 데 놀랐다. 집을 나서는 순간부터 물 만난 고기처럼 신바람이 나서 어미를 끌고 다닌다. 내 머리 속에는 아직도 어린아이인데 제 눈에는 둔하게 움직이는 내가 답답한 모양이다.

"엄마, 혼자 돌아가야 하니까 잘 알아둬. 이것은 이렇게 적고, 이 쪽지는 잊어버리지 말고 잘 보관해."

마음이 놓이지 않는지 연신 가르치고 확인한다.

"엄마, 한국 사람과 일본 사람 구분할 줄 알아요?"

눈을 감고 긴장하고 있는 모습을 눈치 채기나 한 듯이 또 시작이다. 팔을 흔드는 느낌에 눈을 살며시 뜨고 주위를 돌아보았다. 비행기 안은 많은 사람들로 빈자리가 하나도 없다.

"아니, 모르겠는데……."

"자세히 보세요. 한국 사람은 깔끔하고 화장한 표시가 나는데요, 일본 사람은 수수하다 못해 초라해 보이고 화장도 안 했잖아요."

나는 한 사람 한 사람 훔쳐보았다. 그러나 도무지 알 수 없었다.

마음이 진정되어 밖을 내려다보았다. 아쉽게도 비행기가 조금씩 내려가는 기분이 들어 목을 길게 빼고 밑을 보았다. 하늘에서 내려다보는 일본 땅은 산과 들이 잘 정돈되어 있었다.

 산은 짙은 녹색나무와 연둣빛으로 그림처럼 아름답다. 바둑판 모양을 한 들판이 무섭게 느껴졌다. 그들의 일면을 보는 것 같아서다. 집들은 한결같이 자그맣다. 고층건물이 보이지 않는다. 이대로 비행기에 앉아 일본 전지역을 돌아보고 싶어졌다.

 한 시간 반 만에 도착한 곳, 가고시마. 비행기에 앉아서 바라봤던 감정이 가라앉기도 전에 비행기는 땅에 내려앉았다. 외국인과 내국인이 구분되어 입국수속이 진행되었다. 일본인이 서 있는 줄은 짧고 조용하다. 한국을 보고 돌아온 것이다. 외국인이란 푯말 앞의 줄은 길다. 두 줄로 서 있는 사람들은 말쑥하게 차려 입은 한국인 관광객들이다. 조금 전 딸아이가 한 말을 조금은 알 것 같다. 두 나라의 생활상을 보는 느낌이 상쾌하지 않다. 중년을 넘긴 중후한 모습과 차림새로 보아 부유층 사람들인가 싶다. 입국 수속의 지루함을 참지 못한 어느 여행객은, 답답해 죽겠다며 투정이다. 한국 사람의 빨리빨리 근성이 되살아나는 모습을 물끄러미 바라보면서 나의 모습으로 반추되어 옴을 느낀다.

 북적거리던 공항은 썰물이 빠져나간 듯 썰렁하다. 그곳

에는 나를 아는 사람도 내 말을 알아들을 수 있는 사람도 없어 보였다. 허전함과 두려움이 엄습해 왔다. 호기심에 두리번거리면 딸아이는 한걸음에 달려와 곁에 붙어 설명에 바쁘다. 차를 타고 시내로 향했다. 공항의 이국적인 상황과는 달리, 차창 밖의 풍경은 어린 날 내 시골 동네에서 봄 직한 초라한 집들이 지나간다. 도심으로 들어가면 좀 다르겠지. 떠나오던 날, 글 소재를 많이 얻어 오라며 빙그레 웃어 주던 남편의 얼굴이 스쳐 지나간다. 나는 기대감에 차 유심히 보았다.

차는 바다를 끌어안고 빙빙 해안선을 돌아 달린다. 아! 섬이다. 언제나 눈을 맞추고 사는 바다. 내가 살고 있는 거제 바다를 이곳에서 새롭게 바라보며 수평선 끝에 내가 사는 집이 보일 것 같아 바라본다. 한 시간 정도 숨 가쁘게 달렸다. 멀리 화산지대를 가운데로 놓고 반대쪽에 와 있었다. 나는 건물들이 스쳐갈 때마다 말을 잃었다. 주택들이 우리의 '70년대 조그마한 집 같다. 일부는 허술하기 그지없다. 도착하자 곧 방을 구하기 위해 다녔다. 복잡한 도로에서 자유롭게 자전거를 타고 다니는 사람들을 보면서 더럭 겁이 났다. 이곳에 오기 전 딸아이는 자전거 타기를 조금 익히고 왔다. 넓은 아파트 마당에서도 겨우 타던 아이가, 저리 좁은 길을 어찌 누비고 다닐 수 있을까. 좁은 골목과 비탈진 곳도 저들은 능숙하게 다니는데······.

방 구하는 일은 다음날로 미루었다. 피상적으로만 생각한 일들이 하나 둘 와 닿을 때마다 돌아가고 싶었다. 하룻밤을 여관이나 호텔에서 묵어야 한다. 그 돈이면 일주일 방세라며 딸애는 심드렁한 표정이다. 칙칙한 방에 짓눌려 엎드린 채 생각에 잠긴다. 어느 한 군데 뻥 트인 곳 없이 답답하게 가슴을 조여 온다. 터무니없는 집세와 물가, 환경, 언어, 음식 등 모두 어려운 상대였다. 깊이 생각하지 않고 따라나선 자신이 감당하기 힘들어 속절없이 흐느껴 울었다. 나의 설움이 딸의 일이 되어 서럽게 밀려왔다.

"엄마, 왜 그래. 그러면 도루 갈까. 엄마 나 잘할 수 있어."

이틀 밤을 눈물을 보이는 철없는 엄마가 되었다.

"엄마는 항상 나에게 할 수 있다는 자신감을 주었는데 이러면 힘과 용기가 없어져요."

우는 나를 감싸 안으며 위로를 한다. 일본에 도착한 후부터는 딸애의 보호를 받았다. 딸은 먹는 것, 사는 것, 전화를 거는 것, 하나부터 열까지 보호자처럼 붙어다녔다. 백화점에 쇼핑 가서도 이 자리에 있으라면 말 잘 듣는 어린애처럼 가만히 서 있는 자신의 모습이 우스워 웃음을 터트리곤 했다. 한자(漢子)는 읽을 수 있어 무슨 뜻인지 알 수 있어도 발음이 전혀 달랐다. 옆 사람이 쳐다보면 혹시나 하는 두려운 생각에 고개를 숙였다.

나의 생각과는 관계없이 딸아이는 그곳 생활과 환경을 거부감 없이 받아들이고 만족해했다. 미국으로 가길 바라던 소망을 접고 일본으로 바꾼 딸을 생각하면 눈이 녹아내리듯 온 몸이 땅 속으로 스며들어간다. 짧은 여행을 접고 돌아오던 날, 다시는 울지 않겠다는 제 어미의 약속을 받아내고 딸아이는 내 손을 꼭 잡아주었다.

"엄마, 여기 서 있으면 비행기에서 내 모습 보일 거야."

햇빛에 반사되어 보이지 않는 딸을 향해 공항 대합실 쪽으로 손을 흔들었다. 그곳에서의 5박6일 동안 느낀 나의 감정은 하루빨리 탈출시키고 싶다는 것뿐이었다. 오늘의 아픔이 내일의 기쁨으로 돌아오리라 여기며, 열심히 뛰어 본다는 딸아이를 나는 믿는다. 신주머니를 돌리며 오르막길을 올라오던 모습을 그려 보면서.

길가에 앉아 소꿉놀이를 하는 이웃집 아이들의 머리를 쓰다듬어 주며, 내 딸아이의 어린 시절 모습을 그려본다. 그리고 지루한 겨울의 아픔을 견디어 내고 화사하게 피어난 벚꽃처럼, 딸아이도 그렇게 피어나리라 믿어 본다. 아무런 영문도 모르는 이웃 아이가 내 손을 뿌리치며 소리친다.

"아줌마!"

나는 허전한 마음이 되어 집으로 돌아와 딸에게 편지를 쓴다.

〈『조약돌로 남은 우리들의 이야기』 수비동인지 제7집. 2001. 1.〉

엄마야 누나야

 가슴이 찡하고 눈물이 난다. 동생 때문이 아니고, 엄마의 가슴 미어져 오는 아픔이 떠올라서다. 동생은 엄마와 분리되어 생각나지 않았다. 엄마의 머릿속은 온통 아들뿐이었다. 적어도 동생은 힘든 엄마의 삶에 힘을 실어주는 활력소며 살아가는 희망이었다.
 그런 아들이 엄마와 거처를 달리한다는 것은 삶을 포기하라는 것과 같으리라. 누구와도 대화를 나누지 않고 온 종일 누워만 계신다는 요양원 측의 말이 가슴 아프게 파고든다. 하루 종일 누워서 무슨 생각을 할까. 수화기에 대고 수없이 엄마를 불러대도 딸의 목소리에는 신통한 대답 한마디가 없다. 지금 엄마는 어느 거리를 헤매고 있는 것일까. 한 달에 한번 찾아가서 할 수 있는 것은 목욕시켜 드리고,

밥 한 끼 같이 먹고, 시내 구경시켜 드리고, 하룻밤 함께 자는 것이 고작이다.

그런데 매일 누워만 계셔서 이젠 그것도 할 수 없을 것 같다. 온몸이 굳어 구부리시지도 못한다. 움직임 없이 방치한 관절이 굳어버린 것이다.

"부모 복 없는 년이 무슨 남편 복이며 자식 복이 있겠어."

서운할 때면 먼 산 바라기하며 한숨 섞인 신세타령이나 하시던 엄마가 말문마저 닫았다.

난 다정한 딸은 못 된다. 애교도 없고, 표현력도 부족하다. 엄마의 질책에도 핑계 하나 대지 못하고 반응도 없이 고스란히 앉아서 꾸지람을 받는 딸이다. 그러면 엄마는 독하고 고집이 세다며 회초리에 더 힘을 가하셨다. 동생은 나와 다르다. 엄마의 큰소리엔 이내 무릎을 꿇고 잘못했다고 싹싹 빌었다. 그러니 어디 때릴 수 있을까. 그때는 그것을 몰랐다. 안다손 쳐도 그리 행동은 못했을 것이다. 난 마음속에 갖고 있는 생각도 제대로 표현 못하는 반벙어리였으니까. 늘 주눅이 들어 있었다.

나의 유년은 큰아이가 잠자리에 그려놓은 얼룩이었다. 잊고 싶고, 지워 버리고 싶지만 결코 지워지지 않는 기억. 그 시절만 떠올리면 목 줄기가 뻣뻣하게 굳으며 쉼 없이 눈물이 볼을 타고 흐른다. 아마 이 모습을 엄마가 보았다면, 틀림없이 한마디 하셨을 것이다. '그 눈물구멍은 마르지도 않느냐.'며 쥐어박았을 것이 뻔하다. 재혼한 아버지와 한 식구가 되어 살던 시절은 기억하고 싶지 않은 얼룩이 분명하였다. 엄마는 물론 나도 힘든 시절이었다.

　남동생이 상의할 것이 있다는 연락이 왔을 때 올 것이 왔다는 생각을 했다. 이 일이 있기 전 엄마 문제로 상의할 일이 있다며 암시를 주었기 때문이다. 무슨 문제인가. 더 이상은 모실 수 없다는 것이겠지. 어쩌면 좋을까. 요양원에 보내자는 동생의 의견에 따르지 않으려면 내가 모시는 수밖에 없다. 나 혼자 사는 것이 아니니 남편의 동의가 절대적이다. 이리저리 생각해 봐도 딱히 방법이 없다. 넌지시 암시의 말을 던져 본다. 별 반응을 보이지 않아 좀 더 구체적으로 강도 있게 끄집어냈다. 남편도 이 문제가 그리 간단하지 않으니 섣부른 답을 할 수 없었겠지. 며칠간의 시간이 흐른 뒤 허락이 떨어졌다. 그리고 서로의 의견을 절충하고 모셔오는 날을 정했다. 이제껏 아들하고 살았으니, 여생은 딸과 살아보자고 나는 말을 했다. 엄마는 싫지 않은 듯 오고 싶다 한다.

　엄마는 가끔씩 자신의 처지를 비관이나 하듯 '와두 그만, 가도 그만.' 하며 중얼거렸다. 지난 세월의 무심함도 쏟아냈다. 술주정뱅이인 남편과의 다툼도 그리움처럼 이야기했다. 지난 고통은 세월이라는 시간에 씻기고 닦이며 아픔은 얇아진 것인가 보다.

잠깐 다녀가는 것이 아니니 만반의 준비가 필요하다. 서로 최대한 불편함을 줄여야 한다. 딸보다 사위가 부담스러울 것이니 덜 마주치는 것이 좋을 성싶다. 엄마의 거처는 내 방으로 정하고, 집안 살림도 다시 배치했다.

내일 엄마를 모시러 간다. 올케한테 전화를 했다. 수화기 건너에서 느껴지는 반응은 나의 굳어 있는 마음보다 더 가라앉아 있음이 감지된다. 밤늦은 시간에 동생의 전화가 왔다. 못 모시고 간다며 기분 상한다는 어투다. 이런 문제로 동생과 감정이 상하리라고는 꿈에도 생각 못했다. 자신이 감당할 수 없어 요양원에는 보내도 누나가 모셔가는 것은 안 된다는 것이다. 마음이 깊은 수렁에서 자꾸 허우적댔다. 괘씸하고 미움이 봇물처럼 밀려들어 왔다. 항상 내 가슴엔 나이 어린 동생으로만 남아 있었던 것이 더 서럽게 했다. 엄마 몸이 성치도 않고 그렇게 멀리 보낼 수 없으니, 쉽게 생각하지 말란다. 거동도 불편하고 약간의 치매까지 온 엄마를 누나가 보살피기란 어렵지 않느냐며 설득이다. 아들을 좋아하니 가까이 곁에 두고 자주 찾아뵙겠다며 거절한다.

내가 할 수 있는 일은 아무것도 없었다. 개가를 하셨으니, 서류상으론 남아 있지 않는가. 완강한 반응 앞에 난 무릎을 꿇고 통곡에 빠졌다. 나의 존재가 슬펐고, 지난날들의 일이 아프게 가슴에 와 맺혔다.

이 달에도 엄마를 찾아간다. 요양원에 들어가신 지 반 년 만에 몰골이 앙상하니 변하고 몸이 굳었다. 걷는 것은 불가능하다. 먼 거리와 시간에 묶여, 한 달에 한 번씩밖에 찾아뵐 수 없어 죄송스럽다. 그 짧은 시간에 많은 것을 하기란 쉽지 않다. 우선 휠체어와 함께 외출이다. 바람을 쐬고 사람들이 북적이는 시내 구경도 한다. 그곳에서 보고 싶은 당신의 여동생과도 만나고, 쪼그라든 배도 불리고, 드라이브도 한다. 덕지덕지 붙어 있는 때도 털어내고 따끈한 방에 나란히 눕는다. 더 이상 부러울 것도 아쉬움도 없는 시간을 엄마는 놓치고 싶지 않은가 보다. 뚫어져라 나의 얼굴을 바라보신다.

"엄마, 나한테 하고 싶은 말 있어?"

"아니 생각 많이 났는데, 지금은 생각 안 나."

그런 엄마가 갑자기 말문을 연다.

"큰딸을 고생 많이 시켰지. 다른 사람들은 데리고 와서 호강시킨다던데."

한 번도 들어 보지 못했던 말로 막혀 있던 벽이 한순간에 무너졌다.

"엄마, 엄마, 엄마."

요즈음 난 지난날 아껴 두었던 '엄마'를 쉼 없이 불러댄다. 표현력이 부족한 엄마. 마음 안에는 나를 안쓰러워하셨던가 보다. 오늘 밤엔 젖먹이 어린애처럼 엄마 품에 기어들어 본다. 그리고 포근함이 없는 앙상한 가슴을 내 안으로 보듬어 본다. 이런 날이 오래도록 지속되어 주길 기도한다.
〈『월간문학』 2014년 7월호.〉

황홀한 할머니

울 엄마는 마흔여덟에 손녀를 보았다. 이른 나이였는데 바글바글 볶아 놓은 머리 때문에 영락없는 할머니처럼 보였다.

첫 손녀이니 얼마나 좋았을까. 한 달 내내 힘든 줄 모르고 수발하며 치다꺼리를 했다. 산모는 밥과 국을 많이 먹어야 젖이 많이 나온다며 식사를 다섯 끼나 챙겨 주셨다. 일을 하러 다니면서도 짬을 내어 언덕배기를 대여섯 차례나 오르락내리락하시며 뒷바라지를 했다. 늦은 시간에는 모아 놓은 기저귀며 아기 목욕을 시키면서도 힘들어 하지 않으셨다.

내 나이 스물여섯에 결혼해 일곱에 딸을 낳았다. 딸아이가 서른을 넘겨 결혼해서는 아이를 낳지 않겠다고 할 때,

저희들 생각이 그러면 어쩔 수 없지 하고 치부하다가도 아쉬움에 종용을 하곤 했다. 그때마다 번번이 거절이다. 제 인생인데 하며 다잡아 보길 수차례. 이젠 포기다. 제 누이의 자식 안 둔다는 소리가 무슨 좋은 것이라고 아들 녀석까지 아이 둘 생각이 없단다. 이 무슨 날벼락. 내 생전 손자 손녀 없이 살다 가야 하다니 속이 뒤집힐 일이다. 어른들 계시면 얼마나 걱정할 거며, 조상님 볼 면목이 없다며 머리띠 두르고 드러누워 있지는 않겠나. 그래도 어른들 안 계시고, 시대를 잘 타고난 덕에 저희들 하는 대로 보고만 있으려니 애가 탄다.

옆집 손자 손녀 삐악거리며 다닐 때마다 가슴이 아렸다. 낳지 못하는 거면 포기하면 되지만 낳기 싫다니 어처구니가 없었다. 요즘 젊은 사람들의 생각이니 어쩌겠나. 참고 누르고 지내길 다섯 해다. 만나는 사람마다 인사가 손자 이야기니, 잔잔히 가라앉혀 놓은 심산을 휘저어 놓는다. 손자 손녀에게 주겠다고 보관하고 있는 인형이 두 박스에 장난감 선물이 두 상자. 생기지도 않은 아이에게 주겠다고 놓아두는 것이 우스꽝스럽다. 이리저리 옮겨 놓으며 줄 사람을 선별하다가도 아쉬움에 밀쳐놓기를 몇 해째다.

다른 친구들은 손녀가 어린이집, 유치원, 더 이른 아이는 학교를 다닌다. 혼자 있는 집에서는 둘째를 바란다며 한숨 거든다. 난 그 소리를 들을 때마다 하나라도 낳아 주었으면 했다. 어차피 낳을 거면 빨리 낳고 키우는 게 순서라고 닭 달도 하고 으름장도 놓았다. 그러나 요지부동이다. 나의 이런 모습에 아들 녀석이 한 수 더 거든다.

"어머니, 그렇게 할머니가 되고 싶으세요. 손자 손녀가 무슨 소용 있다고? 누구 보세요. 어릴 적엔 할머니 할머니 하며 졸졸 따르던 것이 지금은 아니잖아요. 혹여 나으려 해도 낳지 못하는 부부도 많은데……."

아들의 말에 입을 닫았다.

그러던 내가 요즈음 신바람이 났다. 신은 아브라함의 아내 사라의 기도를 들어주었듯, 나의 간절한 기도를 들어주어 할머니가 되는 영광을 얻었다.

어지간해서는 어미를 부르지 않던 딸이 분만 날을 잡아 연락이 왔다. 당뇨도 있고 양수도 부족하여 미리 당겨 낳는단다. 그것도 20일을 당겨 낳는다는 것이다. 더 있다가는 아이에게 좋지 않다는 의사의 말에 날을 잡은 모양이다. 난 제 날에 낳았으면 싶었다. 서른여덟. 첫째 아이. 노산이다. 산모의 통증이 이틀을 넘어 사흘째 되는 날, 초조와 불안감에 숨이 막혔다. 지켜보아야 하는 것은 보통 어려운 일이 아니다. 차라리 대신할 수 있었으면 낫겠다고 중얼거렸다.

그래도 수술을 하지 않고 자연분만을 해 다행스럽다. 딸내미가 엄마가 되었다. 나도 그토록 갈망하던 손자를 보았다. 밖에서 초조하게 기다리는 동안 얼마나 듣고 싶어 했던 울음소리인가. 그 순간 기쁨의 눈물과 짜릿한 감정은 무엇과도 비교할 수 없었다. 간호사가 아기를 안고 출입문에 나타났다. 사위의 카메라 플래시가 터진다. 축복의 빛이다. 아이가 내 가슴에 안겨졌다. 꼭 끌어안아 본다. 이 세상을 보려고 얼마나 고생했니? 나오지 않겠다는 애를 빨리 나오라고 밀어낼 때 얼마나 힘들었을까. 발그레한 얼굴, 또렷한 이목구비. 어딘지 모르게 내 딸의 모습이고, 내 남편의 얼굴도 보인다.

딸이 아이를 바라본다. 사랑스러운 장면이다. 열 달 동안 끌어안고 다니며 먹는 것도 행동하는 것도 힘들었을 텐데. 딸의 얼굴이 평화롭다. 2014년 4월 9일 난 드디어 할머니가 되었다. 아직 부르지도 못하는 손자 얼굴을 들여다보며 난 웃음을 멈출 수가 없다.

'할머니.' 이 말이 자꾸 들려오는 것 같은 착각이 현실로 다가와 이렇게 황홀할 수가 없다.

〈『우리 두 바퀴』수필과비평 동인지 제12집. 2014년.〉

삼촌의 노래

 나는 노래를 좋아한다. 어릴 적부터 나비를 보면 나비 노래를 불렀고, 새를 보면 새에 관한 노래를 불렀다. 그리고 삼촌이 불러주는 휘파람소리를 많이 좋아했다. 삼촌이 휘파람불면 따라하겠다고 하루 종일 입을 모아 휙휙 거리며 다녔다. 소리는 신통치 않았다. 하지만 저녁이면 입과 볼이 아파 징징댄 기억이 난다. 삼촌은 그런 조카인 나를 참 예뻐했다. 내가 학교에서 돌아오면, 오늘 배운 노래 좀 해보라며 앞에 세워 놓고 박자를 맞춰줬다. 나는 두 손을 모으며 노래도 부르고, 신이 나 춤을 추기도 했다. 제 흥에 겨워 엉터리로 불러도 항상 잘한다고 칭찬이다. 걷다가 힘들다고 엄살을 부리면, 얼굴 한번 찡그린 적이 없이 나를 등에 업었다. 재워 달라 투정을 부리면 등에 업고 노래를 불러

주기도 하고, '반쪽이' 이야기를 해 준다. 그 반쪽이 이야기는 하도 많이 들어 내 아이들에게까지 들려준 적이 있다.

  삼촌은 일을 다 마친 저녁엔 연필로 적은 가사를 등잔불에 비춰보며 노래를 불렀다. 라디오도 없고 전기도 없던 그 시절, 누구를 통해서 들어 적었는지는 모르겠다. 삼촌이 노래를 부르면 누워서 귀동냥으로 듣고는 따라 불렀다. 노랫말은 두어 번 들으면 곧잘 따라했다. 동네 어른들이 놀러와 창가 좀 해보라고 시킨다. 그러면 천연덕스럽게 어른들의 노래를 불러댔다. "죽장에 삿갓 쓰고, 방랑 삼천리……". "앵두나무 우물가에 동네처녀 바람났네……".

  뜻이 무엇인지도 알지 못하면서 불러댔다.

  흥얼거리는 습관은 지금도 마찬가지다. 설거지를 하거나 청소를 할 때, 밭에서 풀을 뽑을 때나 차를 운전할 때도 주위를 의식하지 않고 흥얼댄다. 한번은 남편이 화난 일이 있었다. 남편은 마음이 상해 있는데, 흥얼거리며 설거지를 하는 날 보고 기가 막힌다는 표정으로 바라보는 것이다. 그런 남편이 이해되지 않는 것은 아니지만, 오히려 난 기분이 나쁘면 노래를 부른다고 되레 큰소리를 친다. 난 그랬다. 마음이 울적하면 동요에서부터 가곡, 대중가요, 성가 등 가리지 않고 불러댄다. 그것이 나의 스트레스 해소법이다.

  오늘도 나는 노래를 부른다. 들어줄 이나 같이 불러줄 사람이 없어도 괜찮다. 혼자 흥에 겨워 부르기도 하고, 가슴이 미어지는 슬픈 노래를 부르기도 한다. 템포가 빠른 노래보다 차분히 가라앉은 노래를 즐겨 부른다. 그러다 보니 많은 사람들이 모인 장소에 가면 정작 불러야 할 노래가 없다. 신이 나는 노래를 불러 흥을 돋우어야 하는데, 청승맞게 슬픈 노래를 불러 분위기를 깰까 망설이기 일쑤다.

삼촌이 돌아가신 지 이십 년이 훨씬 지났다. 그러나 난 어려울 때나 시골집이 생각나면 늘 삼촌을 떠올린다. 나보다 열네 살 위인 삼촌은 우리 집의 가장이었다. 장남인 아버지와 둘째 삼촌은 셋째인 삼촌에게 가문의 짐을 다 떠넘기고 전사하셨다. 늙은 외할머니와 어린 조카를 돌보아야 했던 삼촌. 논뙈기 하나 없이 다랑이밭 몇이 고작이었지만, 식량 걱정을 한 적은 없었다. 나는 어려움이 있는지조차 모르는 철부지였는지도 모른다. 초등학교 일학년 때 엄마를 따라 도회지로 나왔다가 다섯 해가 지나 다시 시골로 되돌아갔을 땐 모든 것이 바뀌어 있었다.

할머니는 돌아가시고 삼촌은 결혼을 하여 나에겐 숙모와 사촌동생이 생겼다. 새로운 식구와의 낯익힘보다 삼촌과의 거리감이 생소하여 주위를 맴돌았다. 삼촌에겐 여유가 없어 보였다. 구성지던 노랫가락은 없어지고 코고는 소리만이 고달프게 들렸다. 언제나 잰걸음으로 바삐 걸어다녔다. 등이 휠 정도로 나뭇짐에 짓눌렸으며, 어깨가 부서질 정도로 거름통이 매달려 있었다. 내가 성장하여 다시 바라보는 삼촌은 늘 그런 모습이었다. 그렇지만 삼촌은 웃음을 잃지 않으려 했다. 일찍이 부모를 여의고 위로 두 형을 잃고 가장이 된 삼촌. 어려움 속에 살면서도 늘 오래 살아야 한다는 말을 노래처럼 하던 삼촌. 부모 없이 사는 고통을 누구보다 뼈아프게 느꼈기 때문에 그랬을 것이다. 그러나 오래 살기를 갈망했던 삼촌은 마흔다섯이 되던 봄날, 갑자기 심장마비로 힘겨운 삶의 끈을 내려놓았다. 아무런 고통을 호소하지 않고 말없이 생을 마감했다.

내가 결혼하여 오 년째 되던 봄날이었다. 삼촌은 그렇게 세상을 떠났다. 자그마치 올망졸망 육 남매를 낳아 놓고 아프다는 말 한마디 없이 떠났다. 차디찬 시신을 끌어안고 울부짖는 숙모의 소리가 들리지 않는 듯 조용히 눈을 감고 입을 굳게 다문 채 누워 있었다. 금방이라도 벌떡 일어나 '너 왔니?' 하고 손을 잡아줄 것 같은데 그냥 누워 있었다. 난 눈물도 나오지 않았다. 쿵하고 가슴이 무너져 내리는 아픔이 모든 것을 막아버렸다. 조카가 왔다고 숙모가 이야기를 해도 눈을 뜰 기미조차 보이지 않는 삼촌이 미웠다. 느닷없이 무심했던 내 자신의 자책감이 엄습해 오면서 하염없이 눈물이 흘러내렸다. 미안하고 죄스러워 울고 또 울었다.

내 마음 밑바탕에는 삼촌이 내게 준 사랑이 있었다. 그리고 아픈 말보다 칭찬을 아끼지 않는 삶의 모습이 남아 있다. 그렇게 삼촌은 내게 고운 심성을 심어 주었다. 살아가면서 많은 것과 부딪히면서도 긍정적인 생각을 할 수 있는 것도, 내 아픔보다 남을 생각하는 마음도 다 삼촌을 통해 얻어졌을 것이다. 여유가 생기면 시계와 라디오를 사 드리겠다는 나 혼자만의 약속도 지킬 수 없도록 빨리 떠나셨다. 그 동안 받은 사랑의 빚을 갚을 기회도 주지 않고 떠난 것이 삼촌의 의도는 아니었을 것이다. 베풀기만 한 삼촌. 그 삼촌의 노래가 오늘 갑자기 듣고 싶다.

이제는 추억 속에서 삼촌은 나를 지켜보고 있다. 나보다 훨씬 젊은 얼굴과 모습으로……

십일층 베란다에서 밖을 내다본다. 아직 채워지지 않은 빈 들이 내 흐린 시야 속에서 수수밭으로 일렁인다. 수수 사이로 거름통 지게를 지고 젊은 남자가 걸어가며 휘파람을 분다. 그의 머리 위엔 고추잠자리 떼가 비행한다. 그 뒤를 꼬마아가씨가 따라가며 흥얼거린다. 넘어질 듯 넘어질 듯 걷지만 넘어지지 않고 걸어간다. 세상 속으로.

〈『현대수필』. 2005. 가을호.〉

도마 위에 올린 생선

초등학교 이학년 때에 나는 어머니의 집으로 왔다. 그때, 아버지는 어머니와 다투기만 하면 으레 큰 소리로 입에 담던 말이 있다.

"난 도마 위에 올린 생선이다."

어린 나는 이 말의 의미를 알지 못했다. 작고 기어 들어가는 것이 아닌 당당한 아버지의 소리는 나를 주눅 들게 했다. 아버지의 소리 한편에는 비아냥거림이 들어 있는 듯이 느껴졌다. 이 '도마 위의 생선'이란 말이 얼마나 아픈 말인가를 안 것은 한참 후의 일이었다. 내가 자라 어른이 되고, 그분이 이 세상에 계시지 않을 때에야 겨우 깨달았다.

거제로 이사하여 정이 붙자 주위와 서로 정이 오가는 일이 많아졌다.

"이것 갖다 미역국 끓여 드세요."
"뭔데?"
"도다리."

이곳에 온 지 십 년이 훨씬 넘어도 아직 미역국에 소고기 넣는 습관을 버리지 못한다. 어릴 적에 먹던 습관 때문이다. 한번은 손님 접대로 횟집에 가니, 매운탕 대신 미역국을 권했다. 그런데 미역국 속에 들어 있어야 할 소고기는 없고, 웬 생선 조각들이 미역 뒤에 몸을 숨기고 곁눈질을 하고 있었다. 조금은 황당하고 의아해 수저를 든 채 두리번거렸다. 옆 사람이 시원하다며 훅훅 들이키고 있다. 수저를 들고 있는 나를 오히려 이해하지 못하겠다는 표정이다. 먹어 보라 권한다. 못 이기는 척 한 수저 떠 보았다. 비릿한 냄새가 날 것 같은데 전혀 아니다. 내 입맛에 길들여진 소고기 맛에는 못 미치지만 먹을 만했다. 그 후로 나는 그 집에 가면 미역국을 먹는다.

그런데 오늘 난데없이 도다리를 받게 된 것이다. 넘겨받은 검정 비닐 주머니 속에서 움직임이 느껴진다. 파드닥거리는 소리가 난다. 살아 있었다. 싱싱한 것이니 미역국을 끓여 먹어 보란다. 사양을 했다. 도저히 가져다가 요리할 것 같지 않아서다. 그러나 건네는 사람의 성화가 물러설 자리를 내주지 않는다. 생각하고 건네는 것이니 받아들고 집으로 왔다. 비닐주머니를 앞에 놓고 이리저리 머리를 굴려

본다. 도저히 손댈 수가 없다. 옆집을 줄까. 아니면 함께 있었던 친구에게 전화할까. 이럴 줄 알면서 받아온 무능에 속이 상한다. 이제껏 살아 있는 것을 한 번도 손댄 적이 없지 않은가. 움직일 때마다 소름이 돋았다. 지금 상태로는 도저히 어찌할 방도가 없다. 아까보다 더 움직임이 잦다. 숨이 막히는 모양이다. 생선의 답답함이 내 가슴으로 전해와 숨 쉴 수가 없다. 벗어나고 싶다는 생각에 얼른 냉동고에 넣고 밖으로 나왔다.

두세 시간쯤 되었을까. 궁금했다. 냉동고를 열었다. 찬 공기가 와락 얼굴로 달려든다. 비닐을 슬쩍 만져 보았다. 물기에 살얼음이 덮였다. 꺼내 개수대에 내려놓았다. 아무 소리도 없다. 푸드덕거리며 살려 달라 소리도 없다. 물을 끼얹어 본다. 역시 소리가 없다. 안심을 하고 비닐 속의 생선을 쏟았다. 서로 붙어서 굳어 있다. 살며시 얼어 있는 생선을 물을 끼얹어 본다. 하나, 둘, 셋, 넷, 다섯 마리다. 두 식구에 너무 많다. 두 마리는 다시 봉투에 집어넣고 세 마리만 다듬으리라. 우선 도마와 칼을 준비했다. 고무장갑도 꼈다. 그냥 손으로 만지기가 내키지도 않고, 감촉이 영 마음에 들지 않아서다. 한 마리를 도마 위에 올리고 어떻게 자를 것인가 궁리했다. 머리는 떼어 버리고 꼬리도 버리고, 지느러미도 버리고, 몸통은 비늘을 벗기어 그릇에 담아야지. 칼을 들어 생선의 몸통으로 가져가려는 순간 느닷없이 아버지의 음성이 들렸다.

"난 도마 위에 올린 생선이니까."

도마 위의 생선. 지금 도마 위에 있는 생선이 내게 항의하며 달려든다. 그가 할 수 있는 것은 아무것도 없음을 외치고 있다.

왜 하필이면 아버지는 이런 표현을 썼을까. 아버지는 당신 혼자란 생각을 하신 거다. 곁에 아무도 같이할 수 없는 외로움을 그렇게 표현하지 않았을까. 아버지는 월남하셨다. 가족들과 함께 포탄을 피해 넘어오는 것은 무리였다. 모든 가족을 잃었다. 믿었던 자들에 의해 부르주아로 몰려 두 동생은 총살을 당했다. 나머지 가족들은 피난길에서 목숨을 잃었다. 남은 것은 단 하나 자신뿐이었다. 이런 슬픔을 우리에게 토해내거나 내색한 적은 한 번도 없었다. 아버지는 산다는 것이 얼마나 처절하고 어려웠을까. 모든 것을 포기하고 남의 집에 얹혀 산 아버지.

아버지는 자신의 과거에 대해 입에 담은 적이 없다. 남하한 아버지를 처음 거두었다는 할머니가 전해준 것은 대단한 집안의 자식이라는 것이다. 부유한 가정의 장남으로 태어나 손 하나 까닥하지 않고, 공부합네 하고 한양에서 지냈다고 했다.

그 할머니의 주선으로 나의 어머니와 연을 맺어 두 동생을 보았다. 가족을 일구면서도 자신의 가슴을 열어 보이지 않으셨던 아버지. 당신의 아들딸들이 어느 학교에 다니는지, 공부는 어떻게 하는지조차 알려 하지 않으셨던 아버지. 오로지 술로만 세월을 보내셨던 아버지를 나는 마음속으로 불평하고 미워했다. 가슴 깊이 사무친 슬픔을 알지 못했기에.

내가 성장하여 가정에 도움이 되면서 그분의 자리가 위축되었는지 모른다. 그때부터 아버지는 나와 어머니만 보면 예전보다 더 심하게 '도마에 올린 생선'이라며 입버릇처럼 뇌이셨다. 아버지의 눈에는 나와 어머니가 당신을 해하려 한다고 여겼을까. 아닐 것이다. 누구도 믿을 수 없었던 기억 때문일 것이다.

오늘 나는 생선 미역국을 끓일 수가 없다. 아니 도마 위의 생선을 자를 수도 없다. 주섬주섬 주어 다시 냉동고에 넣었다. 아마 이젠 내 손을 떠나 다른 사람에게 갈 것이다. 이번 명절에 온 가족이 만나면 이해하는 마음으로 아버지를 떠올리며 도마 위의 생선을 이야기해 보련다.

〈『계간문예』 2006년 겨울호.〉

애상

 터널 속같이 어둠이 짙게 깔렸다. 무거운 얼굴들이 추위에 떨고 있다. 서로의 흔들림이 느껴진다. 추위가 급습한 탓일까? 그것뿐만은 아니다. 정월의 날씨치고는 푸근하였지만, 우리는 안타까움에 떨고 있었다. 숨쉬기조차 힘들어 산소호흡기에 의존하여 생과 사를 넘나드는 중환자 앞에서 우린 아무런 대책도 없이 바라봐야만 했다. 유달리 맘이 여리고 밝던 시동생의 얼굴은 핏기라곤 한 점 없이 차디차게 식어가고 있었다. 불과 한 달 전만 해도 씻은 듯이 나아서 우리 곁에 있을 줄 알았는데.

 나는 얼굴을 비비고 눈시울만 적셔야 했다. 형수와 시동생 사이지만 편안하고 각별했다. 멀리 떨어져 있는 형을 대신해 늘 챙겨주고 가끔은 형수인 나의 이름을 부르며 농담을 곧잘

하던 시동생. 불치의 병이란 진단이 나오고 본인에게 알리면서 치료가 시작되었을 때도 찡그린 표정 하나 없이 담담하고 의연하게 받아들이는 모습이 여간 마음이 아프지 않았다. 어릴 때부터 어른으로 성장해서까지도 큰소리 한번 지름 없이 참고 견뎌낸 그의 마음 한편엔 쌓아 놓은 스트레스가 많았던 것 같다.

병명이 판명되면서 일은 급진전되어 갔다. 방사능 치료가 시작되었다. 방사능 치료로 빠진 머리를 내게 보이며,

"형수, 다 빠졌었는데 이젠 많이 나오지? 의사들도 신기하다잖아."

피식 웃는 시동생이었다. 그러나 떨어져 있다가 어쩌다 명절이나 집안 행사에서 만나면 몰라보게 수척해 가는 모습이 확연해 보였다. 그런 고통 속에서도 아프다거나 힘든단 말 한마디 없다며, 동서는 푸념 섞인 말을 내뱉는다. 가끔 나에게 전화를 걸어,

"그냥 심심해서 걸었어요. 괜찮으니 너무 걱정 말아요."

우리를 안심시키곤 했다.

서울에서 수술을 하고 집으로 돌아왔을 때다. 우리 내외가 병문안을 가니 앙상하게 마른 몸을 반은 의자에 기댄 채 우리를 맞이했다.

"형수, 보여줄 게 있어. 누구에게도 안 보여 줬는데 형수만 보여줄게."

수술한 가슴을 보여주는 줄 알았다.
"뭔데……."
"형 없을 때 봐. 젖꼭지가 하나 더 생겼다."
"거짓말, 다른 사람 보여 줬잖아?"
옆에 있던 동서가 웃으며 한마디 거든다.
"형님, 또 한 사람 봤어요. 자기 동창 보여 줬잖아."
생각보다 수술 자국은 가슴 쪽이 아닌 등으로 길게 그어져 아물어 가고 있었다.
"서방님, 힘들죠?"
그는 늘 괜찮다고 대답했다. 숨쉬기가 힘들 뿐 아프지도 않단다.

이젠 아픔의 뒤편에서 마지막 작별이 시작되고 있다. 숨조차 자신의 힘으로 쉴 수 없다. 이젠 힘든 싸움에서 손들어 버린 것일까? 아내의 애절함과 아이들의 장래, 노모의 슬픔을 뒤로하고, 턱까지 차오르는 숨소리를 몰아쉬고 있다.
"여보, 서방님 가는 길에 심심하지 않게 나 동무되어 갈까?"
어느 날인가, 불쑥 내뱉은 말에 그이와 난 심하게 다투었다. 그때의 내 마음은 그랬다. 시동생보다 나 자신과의 싸움에서 지쳐 있었다. 날개가 있으면 훌훌 날고 싶고, 아니면 조용히 눈을 감고 싶었다. 생의 애착이 깡그리 무너져 버린 것 같은 절망감에서 다른 사람에게 아픔이 될 말들로 나는 자신을 무너뜨리고 있었다. 생과 사에 매달려 촌음을 다투는 이에게는 얼마나 사치스럽고 미운 말이겠는가? 아픔이나 죽음은 누구도 대신할 수 없는 혼자만의 싸움이요, 운명인 것이다.

삼십 분 면회시간이 황금 같다. 연신 위생복으로 갈아입고 마지막 순간까지 보고 싶어 하는 형제들과 아내의 타들어 가는 마음을 그는 보고 있는 것일까? 동서는 남편의 마지막 남은 생명의 의미를 혼자 간직하고 싶은지 친족들을 내몰았다. 짧은 만남을 뒤로하고 우린 각자의 집으로 돌아왔다. 그리고 잠시 동안 잊고 있었다. 전화 벨 소리에 놀라길 여러 번 하며 그렇게 하루가 갔다.

새벽 네 시. 병원에서 연락이 왔다. 올 것이 온 것이다. 비스듬히 열린 문틈으로 어머님의 모습이 보인다. 누워 계신 어머님은 우리들의 몸놀림을 보고 계셨다. 손이 떨리고 다리가 후들거렸다.

새벽안개가 짙게 드리워져 시야가 보이지 않는다. 우린 아무 말 없이 차에 기대었다. 시동생은 마흔여덟의 나이로 생을 마감하고 있다. 난 갑자기 복통이 왔다. 금방이라도 쏟아질 것 같아 고통스러웠다. 일 분이 한 시간 같았다. 모두들 차에서 내려 중환자실로 빨려들어 갔다. 뒤늦게 도착

했을 때 모두들 빙 둘러 마지막을 지켜보고 있었다. 산소호흡기가 떼어지고 그의 아내는 입 주위를 닦아주고 있다. 손놀림이 여간 자연스럽지 않다. 모든 것을 체념하고 묵묵히 받아들이는 그녀가 커 보인다. 젊은 아내와 고3인 아들, 중3인 딸이 앞으로 감내해야 할 일들을 남겨놓은 채 시동생은 떠났다. 하느님은 남편과 아버지로서 아직도 할 일이 많은 사람을 데려가야 했을까? 반문하고 싶다. 아버지의 죽음에 대하여 골똘하게 생각하거나 슬퍼하기를 포기한 조카의 철없는 행동이 내 마음을 더 아프게 한다.

혼수상태에서도 아이들에게 자신의 몰골을 보여 주지 말라고 당부했다던 시동생. 작은 수첩에 하나하나 정리할 것을 적어 놓은 자상한 배려. 여리기만 했던 마음이 일순 강한 모습으로 되살아난다. 푸념처럼 바닷가로 며칠만 혼자 여행하고 싶어 하던 시동생의 말이 되살아난다.

잔뜩 울먹이고 있던 하늘이 울음을 터트렸다. 상여꾼의 힘든 발걸음도 멈추었다. 이제 시동생은 많은 형제들보다 일찍이 자리에 누워 편안한 휴식을 취할 것이다.

"고인하고 같은 띠인 사람들은 하관 식을 보지 마세요."

시동생과 나는 동갑이다. 어리둥절해하는 내게 남편은 저만치 뒤돌아 서 있으라고 이른다.

나는 도중에 산을 내려왔다. 흙 한 삽 덮어주고 싶었는데……. 이젠 우리들의 슬픔보다 더 먼 세계에서 아내와 자녀들과 부모, 형제들을 말없이 지켜볼 것이다. 폐암으로 판명된 지 팔 개월 만에 시동생은 갔다. 본인에게는 고통이었지만 남아 있는 사람들에게는 슬픔과 아쉬움의 기간이었다.

수능시험도 얼마 남지 않았으니 동서 집에 다녀와야겠다.

〈『수필과비평』. 1999. 3/4.〉

복이씨의 여행

 복이씨가 여행을 떠났다. 벌써 4개월이 되었다. 그리 긴 시간이 지나지도 않았는데 오래 전의 일처럼 느껴진다. 그녀의 여행은 갑자기 이루어진 것은 아니다. 주위 사람들 보기에도 서서히 준비하고 있음을 느끼게 했다. 하지만 이토록 서둘러 떠나갈 줄은 예상치 못했다. 오월의 끝자락에서 복이씨는 모든 것을 벗어버리고 떠났다.

 초롱초롱한 눈빛으로 말없이 바라보던 그녀에게 한 해만 지나면 내가 외롭지 않게 가까이 오겠다고 약속했었다. 처음 그 말을 들었을 땐 기대도 하며 언제 오느냐고 되묻기도 했는데, 시간이 지나면서 별 효험이 없었나 보다.

 한 달에 한 번씩 찾아갔지만 그 기간이 너무 길었던 모양이다. 말수가 줄어들고 거동도 불편해져 나들이도 어려워졌다. 만날 때마다 눈에 띄게 쇠약해지고 있었다. 아마도 그때부터 빠르게 여행 준비를 서두른 것 같다.

1박 2일의 시간은 너무 짧아 할 수 있는 일은 그다지 많지 않았다. 애처로운 속을 채워야 하고, 예쁘게 단장하려면 씻고 닦아야 했다. 새 옷으로 갈아입고, 갇혀만 지냈던 곳에서 나와 번화한 도심과 한적한 시골을 구경하다 보면 주어진 시간이 다 흘렀다. 바삐 지나는 시간에 나는 늘 허둥댔다.

휠체어에 옮기는 일은 예사로운 것은 아니었다. 체중보다 늘어진 몸이 문제였다. 내리고 오를 때엔 못 이기는 척 내 어깨에 손이라도 얹어 안아 주면 좋으련만 전혀 그러질 않는다. 땀을 뻘뻘 흘리고 거친 숨을 몰아쉬는 딸년의 모습이 우스운지 입가에 미소를 머금은 채 시선은 다른 곳으로 돌리기 일쑤였다. 한 번도 가슴에 안겨본 기억이 없으니, 이참에 안아 주면 좋으련만 그러질 않는다.

귀찮아하든 좋아하든 복이씨의 가슴도 만져보고 얼굴도 비벼본다. 그런 모습이 남의 일인 양 물끄러미 바라보고만 있다. 어린아이처럼 애걸하듯 쉼 없이 턱밑에 구부리고 앉아 불러본다. 여러 번 불러도 왜 그렇게 불러 대냐고 모르는 척 딴청이다.

그녀의 여행은 낯선 남자의 손에 의해 옷 갈아입기부터 시작되었다. 낯선 남자의 손놀림이 예사롭지 않다. 그는 제

부모인 양 가슴으로 끌어안아 정성스레 닦아준다. 머리를 곱게 빗겨주고 연지 곤지도 발라 준다. 우리가 지켜보고 있는 가운데 아무런 저항도 없이 순순히 몸을 맡기고 있다. 앙상한 몸. 지그시 감긴 눈, 꼭 다문 입, 새 색시처럼 곱다. 복이씨의 마지막 여행은 결코 슬프지만은 않은 것 같다.

 아직도 복이씨는 여행 중이다. 언제쯤, 어느 여행지에서 또 다시 모녀로, 아님 기억 속에 있지 않은 사람으로 만날지 모른다. 다시 만날 때는 그녀의 어머니로 태어나 가슴에 맺혀 있는 수많은 끈들을 풀어주며 품에 안아 사랑해 주고 싶다. 그 때엔 그녀도 못 다한 많은 이야기를 들려주겠지.

〈『수필과비평』 2015년 11월호.〉

요단강 건너가 만나리

―며칠 후, 며칠 후, 요단강 건너가 만나리.

 이제 이별이다. 그 소리도 들을 수 없고, 모습도 볼 수 없다. 그래서일까. 장례식장은 모두 엄숙하고 조용했다. 무거운 침묵 속에 간간이 흐느낌이 들릴 뿐이다. 장례예배를 마치고 버스에 올라 장지로 향했다. 잔뜩 찌푸린 날씨가 급기야는 비를 뿌렸다. 어떤 슬픔이 그리 많았을까. 비는 한동안 쉼 없이 쏟아졌다. 머리라도 가리라며 수건을 나누어 준다. 그것으로는 역부족이다. 얇은 옷이 비에 젖어 몸에 달라붙어 흉하다. 수건으로 어깨를 감쌌다. 땅은 물로 흥건하다. 미끄럽고 질척거린다. 그의 삶만큼 마지막 가는 길도 쉽지 않고 버겁다. 교인들과 동료목사들의 애석해하는 소리를 듣고 있는가.

삼촌과 난 열한 살 차이다. 내 아버지는 팔 남매의 맏이셨고, 삼촌은 막내다. 일찍이 조실부모하고 고아원에서 자란 삼촌. 미국인 양부모에게 가게 된 순간에 다리 수술을 해야 하는 큰 병을 얻어 포기하고, 청소년기를 암울하게 보냈다. 고아원을 나와 세 살 위인 형과 같이 살았다. 앞이 보이지 않는 어려운 살림살이와 다리마저 불구가 된 그에겐 삶, 그 자체가 버거웠을 것이다. 술과 싸움으로 세월을 보냈다.

　이대로 주저앉기엔 너무 젊은 나이임을 깨달은 것일까. 아님 신의 부르심이었나. 불만으로 가득 찬 삶을 꾸리던 삼촌은 어느 날부터 신앙에 매달리기 시작했다. 몸이 불편하여 중단한 공부를 신학 쪽으로 돌려 목회자의 길로 들어섰다. 남들은 그래도 성공했다고 말한다.

　그러나 삼촌은 마음이 늘 공허했으리라. 하나밖에 남아 있지 않은 형이 갑자기 심장마비로 떠나고 어린 조카들 여섯을 남겨 놓았다. 부모를 일찍 여위어 고생하며 걸어온 자신의 길을 조카들이 가야 한다는 사실이 늘 그의 마음을 아프게 했을 것이다. 그러나 그는 표현을 하지 않았다. 따스한 말 한마디도, 손을 잡아 주지도 않았다. 어쩌면 앞으로 세상을 스스로 헤쳐 나가야 할 조카들에게 베풀 수 있는 최선의 배려인지도 모른다.

　삼촌을 떠올리면 가슴 한구석이 아리다. 열한 살 위인 삼촌도 어머니의 사랑을 받지 못하고 외할머니의 손에서 자랐다. 그런데 그 외할머니의 사랑마저 조카인 나에게 빼앗기며 자랐다. 부모 없이 혼자가 된 증손녀인 나를 할머니는 당신의 손자보다 더 챙겨 주셨다. 그래서일까. 삼촌은 나를 곱게 봐 주지 않았다. 할머니가 안 계시면 고양이가 쥐를 다루듯 했다. 난 꼼짝도 할 수 없었다. 그러나 할머니만 계시면 상황은 역전이 되었다. 할머니의 역성은 일방적이어서 죽어 있던 내 기가 되살아나곤 했다.

다 자라 성인이 되어서도 난 삼촌과는 늘 거리를 두고 살았다. 삼촌에게로 다가가지 못하고 주위만 맴돌았다. 내가 결혼하여 힘겹게 신혼기를 보낼 때 삼촌이 내 집에 찾아왔다. 속내를 털어 놓고 싶어 하는 그에게 난 받아줄 만한 여유가 없었다. 형제들 중 단 하나 남아 있던 바로 위의 형마저 세상을 떠나, 여섯이나 되는 조카들을 삼촌에게 떠넘겼으니 그 고통이 어떠했을까. 그중 나이가 제일 많은 조카 딸은 떠밀다시피 시집보내고, 둘은 봉재 일하는 곳에 취업시켰다. 나머지 어린 조카 셋을 삼촌이 맡았다. 그렇게 다른 가족이 감내해야 하는 어려움을 삼촌이 도맡았다. 그 어려움을 누구에게도 풀어놓을 수 없는 성직자이기에 자신이 안고 갔으리라. 그래서 마음 깊은 곳에 조그마한 종기가 커 가고 있음을 자신도 몰랐을 것이다.

삼촌은 유일하게 우리 집안에서 환갑을 넘긴 사람이다.

집안 내력이 단명이다. 나보다 열한 살이 많은 삼촌. 흰머리가 돋아나고 같이 주름살이 늘어도 나는 삼촌을 가까이 하길 꺼렸다. 그 앞에 서면 난 할 말을 잃었다.

수술 직전 전갈을 받고 전화 통화라도 하고 싶어 하는 내게 삼촌은 단호하게 거절의 뜻을 전해 왔다. 가끔씩 삼촌을 떠올릴 때마다 서운해 하리라 예상은 했지만, 그것이 현실로 전해 왔을 때는 나 자신 복받쳐 오르는 눈물을 감당할 수 없었다. 수없이 흐르는 눈물을 훔쳤다. 시간이 흐르며 삼촌을 이해하기로 마음정리를 했다. 분명 거절해 놓고도 날 기다릴 것이 뻔하다. 병원에서 퇴원했다는 소리를 듣고 부랴부랴 서둘러 찾아갔다. 삼촌은 거실 소파에 비스듬히 기대어 앉아 있었다. 워낙 표현이 없는 분인지라 표정 하나 흐트러짐 없이 조용히 계셨다. 미안하다고 기어들어가는 소리로 조아리는 나에게 앉으라고 손짓한다.

어디에서 용기가 솟아났을까. 앉자마자 나는 쉼 없이 지껄이고 있었다. 가슴에 담고 있던 말을 삼촌 앞에다 풀어내고 있었다.

"삼촌은 항상 어려웠어요. 힘들 땐 달려가고 싶은 곳이라곤 삼촌뿐이었는데, 그것마저 할 수가 없이 어려웠어요."

긴 하소연을 듣고만 있던 삼촌이 입을 열었다.

"미안하다. 용서해다오."

의외였다. 순간 사십 년 동안 가슴을 누르고 있던 어떤 것들이 와르르 무너져 내렸다. 벽이 무너지고 있었다. 삼촌과 나 사이에 견고하게 버티고 섰던 벽이 무너지는 순간이었다.

"수술 후 삼 일 동안 하나님한테 불려가, 목사인 내 죄가 그렇게 큰 줄을 처음 알았다. 그중에는 네게 잘못한 것도 들어 있더구나."

힘이 겨운 듯 잠시 쉬었던 삼촌은 눈물을 훔치며 말을 이었다. 나는 그의 그런 모습을 바라보면서 하염없이 쏟아지는 눈물을 감출 수가 없었다.

"내가 수술 후 사흘 만에 다시 살아난 것은 모든 것을 용서해 주고 용서를 빌라는 하나님의 뜻이야."

이젠 종종 찾아오겠노라 인사를 하고 삼촌 집을 나왔다. 어두운 밤길에서 불빛 하나를 발견하고, 그것을 바라보며 달리는 기분으로 돌아왔다. 그리고 한 달 뒤에 삼촌의 부음을 들었다.

삼촌은 이렇게 모두를 용서하고 용서받고, 한에 싸인 이 세상을 떠나셨다.

―며칠 후, 며칠 후, 요단강 건너가 만나리.

이제 삼촌을 만나려면 요단강을 건너서나 가능하다. 종종 찾아오겠다던 나의 약속은 지키지 못했다. 그 후로 시간을 주지 않고 삼촌은 떠나갔다. 먼 훗날 요단강을 건너 만나게 되면 '많이 미안했다.'고 내가 말할 차례인 것 같다. 비가 멈추었다. 칠월의 뜨거운 햇살이 구름 속을 비집고 얼굴을 내민다. 삼촌의 환한 얼굴이 빙그레 구름을 헤치고 나와 나를 바라보고 있다.

〈『영성문학』 9집. 2007년.〉

■ 연보

충남 논산 출생
수필과 비평 신인상 〈1999.3.〉
수필과 비평 문학상 〈2009. 8.〉
수필과 비평 작가회 회원
경남 가톨릭문학회 사무국장
계룡수필문학회 회원
한국문인협회 회원
수필집 ≪견습일지≫ (2006)
수필집 ≪비오는 날의 변명≫ (2014)
주소 ; 경남 거제시 일운면 소동 4길 60
손전화 ; 010 - 8895 - 4353
e-mail ; suk9895@hanmail.net

현대수필가 100인선 II·50
차은혜 수필선

겨울 스케치

초판인쇄 | 2018년 11월 10일
초판발행 | 2018년 11월 15일

지은이 | 차 은 혜
펴낸이 | 서 정 환
펴낸곳 | 수필과비평사·좋은수필사

주 소 | 서울시 종로구 삼일대로 32길 36.
　　　　(익선동 30-6)운현신화타워 305호
전 화 | 02)3675-5635, 063)275-4000
등 록 | 1984년 8월 17일 제28호
홈페이지 | http://www.shinapub.com
e-mail | essay321@hanmail.net

값 8,000원

ISBN 979-11-5933-190-9　04810
ISBN 979-11-85796-15-4　(세트)04810

* 저자와 협의하여 인지는 생략합니다.
* 잘못된 책은 바꿔 드립니다.

이 도서의 국립중앙도서관 출판시도서목록(CIP)은 서지정보
유통지원시스템 홈페이지(http://seoji.nl.go.kr)와 국가자료
공동목록시스템(http://www.nl.go.kr/kolisnet)에서 이용하실
수 있습니다.(CIP제어번호: CIP2018038153)